내 생애
첫
우리말

내 생애
첫
우리말

윤구병 지음

천년의상상

고마운 이들에게

이 책이 이런 모습을 띤 데에는 이원숙 님의 공이 큽니다. 공저자라고 불러도 빈말이 아닐 만큼 이원숙 님은 이 책이 제 꼴을 갖추는 데 온 마음을 쏟았습니다. 고맙습니다.

선완규 님도 못지않게 애썼습니다. 저는 제가 예닐곱 사람과 함께 가졌던 우리말 공부 모임에서 주고받던 말들이 책으로 묶일 수 있으리란 기대를 접은 지 오래였습니다. 풀어놓은 녹음이 제가 보기에도 글꼴을 갖추지 못할 게 빤했으니까. 그런데 놀랍게도 이원숙 님과 선완규 님이 이런 꼴로 얽어냈습니다. 고맙습니다.

돌아가신 한창기 선생님, 이오덕 선생님, 권정생 선생님, 그리고 아직 살아 계시는 백기완 선생님에게도 '고맙습니다' 하고 허리 굽혀 절을 올립니다.

마지막으로 저와 함께 우리말을 공부했던 분들, 고순덕, 김성재, 김지옥, 김현숙, 최관의, 황준희 님, 고맙습니다.

해방 전 함평에서 태어나
우리말로 살면서 이 책을 내기까지

우리말을 공부하고 듣고 쓰면서 생각하는 데, 느끼는 데, 살아가는 데 그것이 얼마나 크게 영향을 미치는지 갈수록 깊이 깨닫고 있다. 우리는 말로 생각하고 말로 느끼니까 우리말과 우리 생각과 우리 느낌은 하나로 있을 수밖에 없다.

해방 전에 태어나 나는 줄곧 자연에서 자랐다. 한국전쟁 뒤에 가상 허기증, 허천병이 나서 비쩍 마른 꼴로 하루하루 힘겹게 지내는데, 가난했던 우리 아버지 어머니가 이놈 이대로 놔두면 죽겠다 싶어서 보리밥이라도 얻어먹고 살아나라고 밥술이나 먹는 집에 머슴으로 보냈다. 그러면서 4년 동안 학교를 안 갔다.

굶주리고 병약한 애가 일을 하면 얼마나 할까. 곧 지치고 널브러져 있다가 조금 기운이 생기면 바닷가로 뛰어다니면서 망둥이 낚시나 하고, 형들 따라서 먼 산에 나무하러 다니고, 어머니 따라 논둑 밭둑 누비면서 쑥 캐러 다니기도 했다. 쑥 캐서 말려놨다가 쑥버무리 해 먹고, 삘기가 나오면 삘기를 뽑아 먹고 찔레 순이 나면 찔레 순을 따서 먹고, 냇가에 가서 피라미나 쉬리나 붕어를 잡아서 졸여 먹으며 자연에서 살았다. 나는 자연에서 놀고 먹고 배우면서 살았다. 굶주리고 병약한 탓에 오롯하게 자연 속에 놓아 먹인 아이로, 자연의 아이로 자란 거다.

말의 세계로 들어가기 전에 아이들은 자연 속에서 실컷 뛰놀면서 구체적인 감각으로 사물을 접해야 한다. 들리는 대로 듣고 보이는 대로 보고 혀로, 코로, 살갗으로 예민하게 받아들이는 바탕 위에서 말의 세계로 들어가야 귀머거리로, 장님으로, 멍텅구리로, 벙어리로 살지 않을 수 있다. 망상에서 자유로울 수 있다. 추상적인 개념이 먼저가 아니라 구체적인 감각 정보가 먼저여야 한다.

내가 우리말에 관심을 갖게 된 데에는 까닭이 있다. 나는 소설을 쓰고 싶었다. 그래서 저절로 우리말에 관심이 생겼던 것 같다. 고등학교 1학년 땐가 2학년 때 《목포일보》에 내가 쓴 단편이 실렸다. 글쓰기는 일찍부터 시작했는데, 국민학교 때부터 학원에다가 투고를 했다. 그

때 투고한 학생들의 글을 골라서 학생 문예란에 실었는데, 그 당시 내가 국민학생답지 않은 글을 썼는지 심사위원을 맡았던 분이 내 글을 뽑고 나서, 뽑고 보니 국민학생 글이다, 놀랍다, 이렇게 평가한 적도 있다.

서울에서 한 1년 살았지만 어려서부터 시골에서 자랐고 전쟁 동안 시골에서 흘러 다닌 것도 우리말과 가까운 이유인 것 같다. 대학원까지 마치고 나는 '뿌리깊은 나무'에서 발행인이자 편집인이었던 한창기 선생(1936~1997)을 만났는데, 그 뒤부터 우리말을 더 소중하게 생각하게 되었다. 그 뒤로 '우리말 살려 쓰기' 운동을 벌이기도 했던 어린이문학가 이오덕 선생(1925~2003)을 만났고, 가랑비에 옷 젖는 줄 모르고 영향을 받았다.

한창기 선생하고 이오덕 선생은 우리말을 살리기 위해서 엄청나게 애를 썼는데, 두 분은 조금 달랐다. 한창기 선생은 우리말 말본(문법)이 일본말 말본이나 서구 말 말본과 다르다고 하면서 우리말의 독특한 쓰임에 관심이 많았다. 낱말 낱말 문제가 아니라 돼먹은 우리말이냐 아니냐, 우리말 질서에 맞는 말이냐 아니냐를 끈덕지게 파고들었다. 그 뜻을 월간 잡지 《뿌리깊은 나무》와 《샘이깊은물》에 담았다. 그래서 한때는 사람들이 '뿌리깊은 나무'식 문체라고 한창기식 글쓰기를 비아냥거리기도 했다. 한창기 선생이 했던 말 가운데 기억나는 게 있다. "서구 문장에서와는 달리 우리말에서는 주어가, 목적어가 여럿일 수도 있어요. '나는 옷이 소매가 끝이 헐었다', '우리는 하루 100리 길을 사흘을 걸었다'. 다 흠잡을 데 없는 우리말이에요."

이오덕 선생은 낱말에 관심이 많았다. 당시는 일본 사람들이 이 땅에 들여온 짜깁기한 한자말이라든지, 유럽이나 영어에서 온 기술 용어 같은 것을 일본식으로 바꾼 말들이 건축 현장이나 인쇄소를 비롯한 산업 현장에서, 그리고 정치, 경제, 사회, 문화, 예술 모든 영역에서 활개를 치고 있었다. 이런 말들을 우리말로 바꾸려고 평생을 두고 애를 쓰다 돌아가신 분이 이오덕 선생이다. 적的 자를 쓰지 마라, 도움씨(조사) '의' 자를 쓰지 않아도 우리말은 통한다고 《우리문장 바로쓰기》(1992), 《우리글 바로쓰기》(1992) 같은 두꺼운 책에서 하나하나 짚어주었다.

권정생 선생(1937~2007)도 있다. 권정생 선생에게도 나는 우리말로 사는 데 영향을 받았다. 권정생 선생은 초등학교도 못 마친 사람이다. 그래서 일본에서 태어났지만 일본말 말본에 물들지 않았고, 더구나 서구 말 말본에는 더 물들지 않았다. 선생은 안동의 밭 매는 할머니 등 남의 말을 잘 귀담아들으며 시골에서 쓰는 우리말뿐만 아니라 수백 수천 년을 두고 농민들 사이에서 전해 내려오는 우리말을 그대로 글로 옮겼다.

우리말을 우리말 질서에 맞춰서 쓴 분 중에는 문익환 목사(1918~1994)가 있고 함석헌 선생(1901~1989)도 있다. 문익환 목사가 목회 활동을 할 때 상대하는 교인들은 그분 성향으로 봐서 먹물들이 아니었다. 그 교인들이 알아듣는 말로 설교해야 했기 때문에 문 목사는 어려운 말을 안 썼고 깨끗한 우리말로 쓴 시와 산문을 많이 남겼다. 함석헌 선생의 글도 깨끗했다. 월간 잡지 《씨올의 소리》에 쓴 글들을 보면 깨끗한 우리말 표현이 많다.

40년 가까이 한눈팔지 않고 꾸준히 우리말 연구에만 골몰해온 끝에 여러 가지 소중한 우리말 사전을 엮어 낸 남영신 선생, 김수업 선생이나 이대로 선생 같은 분들, 또 이건범 같은 젊은이들…… 지금도 나는 우리말을 열심히 연구하는 분들을 눈여겨본다.

자연을 보고 듣고 느끼면서 자라고, 우리말로 주고받고 글 쓰고, 우리말로 책과 잡지를 만들고, 우리말을 찾고 갈고 닦은 사람들과 만나면서 나는 우리말과 우리말에 대한 이야기와 내 생각을 책 한 권에 담는 데까지 이르렀다.

어쩌면 이 책은 윤구병식 해석이고 윤구병의 상상에서 나온 것이라고 할 수밖에 없다. 맞다, 옳다고 하지 않겠다. 대신 여러 상상이 겨룰 때 훨씬 더 다양하고 다채롭고 느낌이 좋은 세상이 열린다고 말하고 싶다. 그러면 그걸로 된 거 아닌가.

다만 우리말의 흔적이 담겨 있는 말은 극히 적어서 우리말 열쳇말을 따라가야 했던 점은 아쉽다. 우리말을 기록한 것은 더 적다. 벼슬 이름, 땅 이름, 신라의 향가, 고려의 가요 정도가 남아 있을 뿐이다. 흔적을 더 찾아 밝히고 싶지만 더 젊은 사람들이 해내리라고 기대해 본다.

나는 더 많은 우리가 바른 우리말로 삶을 살면 좋겠다. 또 그래야 한다. 우리말과 우리는 떨어지지 않는 사이니까. 그러려면 우리말로 이야기를 자꾸 나누어야 한다. 더 많은 사람과 이야기를 나누면 나눌수록 우리는 우리말을 바로 쓸 수 있다.

우리말은 굉장히 구체적이고 감각적이며 자연과 닮았다. 이런 우리말을 자꾸 나누고 또 나누다 보면 느끼고 생각하고 사는 게 얼마나 달라졌는지 깨달을 날이 있을 것이다.

2016년 6월 변산에서

윤구병

차례

우리가 쓰는 말은 정말 우리말일까?
열에 여덟은 우리말이 아니다.
아이들이 쓰는 단순한 말 말고는
한자말, 일본말, 영어 등 남의 말로 우리는 살고 있다.
가리키는 것에 딱 들어맞지 않는 남의 말로.

그 열에 여덟로 누구 할 것 없이 우리는
잘못 보고 잘못 알아듣고 잘못 전하며 살아왔는지 모른다.
우리말이 생기고
지금껏 무슨 일이 있었던 것일까?

1장

우리 신화를
우리말로 풀어볼까

멋있다

하늘에 줄 치고 먹이 기다리는 거미
이름이 멋있다.

검, 곰, 감, 굼, 김, 금,
가마, 고마, 구미, 개마, 금와, 기미
모두 한 뿌리에서 돋아났다.

하늘은 검고(검이고)
땅은 누르다(누리다)
하늘 천 따 지, 검을 현 누르 황.

밤하늘 쳐다보고 발밑 땅 살펴보아라.
밤하늘은 검고 땅은 누르지?

검은 곰은 박(해)의 각시, 하늘 가시나
박과 곰이 짝지어 푸른 하늘(한날) 낳았다.

다(따, 땅)라는 딸도 낳았고,
그 딸은 밤을 밝히는 다의 알, 달을 낳았다.
우리 할배의 할배, 할매의 할매들이 붙인 이름
참 멋있다.

하늘에, 검에 줄을 드리워 먹이 잡는
검이(거미)도,
곰나루도, 밥 짓는 가마솥도, 강물이 휘감아 도는 감은돌이도.

그 멋진 이름을 웅진(곰나루), 부산(가마뫼),
흑석동, 현석동(감은돌이)으로 누가 바꿔치기했을까?

ㄱ

해와 달이 된 오누이와
밤의 이야기

대대로 전해오는 친근한 우리 신화가 있어. 〈해와 달이 된 오누이〉. 어려서부터 많이 들었을 거야. "떡 하나 주면 안 잡아먹지." 이런 범의 말도 귀에 익고, 범이 오누이를 쫓아서 하늘에서 내려온 삭은 동아줄을 타고 올라가다가 수수밭에 떨어져 수수에 피가 배어 수수가 붉어졌다는 유래담 이야기도 있고. 지역에 따라 이야기가 조금씩 달라. 전하는 사람이 재미있게 하려고 이야기를 조금 바꾸기도 하고 새로운 이야기를 덧붙이기도 하니까.

내가 아는 〈해와 달이 된 오누이〉 이야기는 겉보기에 단순해. 오누이의 엄마가 마을 잔치 일을 거들다가 해질 무렵이 되어서야 일을 마

치고 떡을 얻어 집에 돌아가지. 집에 가려면 산길을 지나가야 해. 산
길로 접어드는데 '범'이 와.

호랑이라고 알려져 있는데 호랑이가 아니라 범이라고 해야 한다. 〈해와 달이
된 오누이〉는 '호랑虎狼'이라는 말이 이 땅에 들어오기 전에 생긴 '신화'니
까. 범을 호랑이로 잘못 알면 이 이야기의 알맹이를 만나지 못하고 꺼풀만
보게 된다.

범이 엄마에게 말을 걸어. "떡 하나 주면 안 잡아먹지." 엄마는 떡
을 주지. 그런데 범의 요구는 거기에서 그치나? "팔 하나 떼서 주면 안
잡아먹지", "다리 하나 떼서 주면 안 잡아먹지". 엄마가 범의 요구대로
팔다리까지 다 떼어 주었는데도 범은 거기서 그치지 않고 엄마를 통
째로 꿀꺽 삼켜버려. 그리고 그 길로 범은 엄마를 기다리고 있는 아이
들한테 찾아간다고.

기름등에 심지를 밝히고 이제나저제나 엄마가 오기만을 기다리던
오누이는 엄마 탈을 쓴 범이 엄마가 아니라는 것을 곧장 알아채지. 범
이 방으로 뛰어들 참에 오누이는 재빨리 나무 위로 올라간다고. 올라
가서 뒤쫓아 오는 범한테 잡아먹히지 않으려고 하늘에 빌어.

동아줄을 내려주어 오누이를 살린 이가 물어. "해와 달이 있으면
살기 좋은 환한 세상이 올 텐데 누가 해가 되련? 또 누가 달이 되련?"
오라버니가 말하지. "누이가 밤을 무서워하니까 누이가 해가 되고 제

가 달이 될래요." 이렇게 해서 오라버니는 달이 되고, 누이는 해가 되었다는 이야기.

＊＊＊

이 이야기에서 중요한 것이 범이야. 중세 기록을 보면 범을 밤이라고 쓴 것이 있어. 그러니 이것을 범이라고 생각하지 말고 밤이라고 생각하자고.

자, 해가 저문단 말이지. 산길을 걷는데 점점 밤이 와. 밤이 오면 길이 안 보이잖아. 그러면 어떻게 돼? 발을 눈 삼아 더듬거리면서 가다가 돌부리에 부딪쳐서 엎어지거나 나무뿌리에 걸려서 넘어지잖아. 잔칫집에 갔다가 오는 길이니까 떡을 함지박이나 소쿠리에 담아서 가는데 엄마는 넘어져서 엎는단 말이지. 떡이 땅 위로 흩어져. 엄마는 땅을 더듬으면서 떡을 주워 담지.

밤이 물어(범으로 의인화됐지만). "떡 하나 주면 안 잡아먹을게." 주섬주섬 주워 담지만 못 주워 담는 떡도 있을 거 아냐. 일어나서 가다가 또 넘어져 엎고 또 넘어져 엎고 두세 차례 이러면 떡이 다 없어져. 밤이 이렇게 떡을 앗아 가.

그러고 가는데 더 어두워져서 자기 팔이 안 보여. 그게 뭐냐 하면, "팔 하나 주면 안 잡아먹을게". 그러면 팔이 사라지는 거지, 어둠 속으로. "다리 하나 주면 안 잡아먹을게". 그러면 다리까지 어둠 속으로 사라져. 길을 잃었단 말이지. 가장 가까운 자기 몸조차 보이지 않을 만큼 깜깜하니까 길을 잃을 수밖에. 그렇게 해서 엄마는 길을 잃고 산속에는 밤이 찾아들어.

오누이는 기름불을 켜놓고 방 안에서 엄마가 돌아오기만을 기다려. 밤을 물리치는 것은 기름등에 켜놓은 조그만 불빛이란 말이지. 그것이 밤이 방 안으로 못 들어오게 한단 말이야. 하지만 오래 켜놓으면 기름은 줄어들고 심지는 타들어가. 그래서 깜깜한 밤이 올 수밖에 없게 돼. "엄마가 왔다" 하고 범이 위협하는 것처럼.

엄마는 오지 않고 밤은 오고 불은 꺼지고. 무섭고 겁이 나잖아. 불이 꺼져 밤이 방 안으로 들어오려고 하자 오누이는 나무로 올라가. 그런데 나무는 옛날부터 목숨을 살리는 생명수를 상징해. 다른 나라에서도 마찬가지야. 에덴동산에도 생명수가 있었다고 하지? 프레이저 (Sir James George Frazer, 1854~1941)의 《황금가지The Golden Bough》(1890)에서도 나무가 온갖 생명을, 목숨을 살리는 생명수로서 구실을 한다고. 나무가 생명을 상징한다는 이야기는 세계 곳곳에 널리 퍼져 있어. 《황금가지》는 그 많은 신화나 전설을 모은 책이야.

그 생명의 나무를 오누이는 올라가. 그 밑에 샘이 있지? 샘도 목숨을 지켜주는 상징물이지. 어두워지니까 밤도 생명수를 따라 올라가. 밤이 오누이를 뒤쫓아 가는 거지. 이때 밤은 죽음이야.

오누이는 살려고 나무 꼭대기까지 올라가는데 죽음이 뒤따르니까 하늘에 빌어. 그러자 하늘에서 동아줄이 내려와. 삶과 죽음의 갈림길에 섰을 때 간절히 비는 것을 받아들여서 삶의 길을 열어주는 커다란 존재가 동아줄이야.

줄이라는 것도 굉장히 큰 상징물인데, 이 줄이라는 것은 여기와 저기를 이어주는 거란 말이지. 탯줄이 그렇고, 애를 낳았을 때 애의 목숨을 노리는 나쁜 기운이 집 안에 들어오지 못하게 금줄을 치잖아. 말하자면 줄이라는 것은 삶과 죽음을 경계 지어서 삶으로 이어주는 것이야. 오누이가 그걸 내려달라고 해서 하늘에서 생명줄이 내려온 거란 말이지.

그 동아줄을 타고 오누이는 하늘로 올라가. 밤도 오누이를 따라 하지만 삭은 동아줄이 내려왔지. 하늘로 올라가다가 떨어지고 말아. 하늘을 밝은 곳으로 그린 신화가 많아. 우리 단군신화에 나타나는 환인도 환하게 밝은 씨앗이라는 뜻을 담고 있어. 그러니까 밤은 그곳에 이르면 사라질 수밖에 없는 거야.

밤은 그늘을 상징한다. 그러니 낮은 곳에 있어야 하는 거고, 어떤 면에서는 나쁜 것이다. '낮다'에서 '나쁘다'가 나왔다. 'ㅂ+다'나 '-브다'는 같다, 비슷하다, 닮았다는 뜻이다. 그러니까 나쁜 것은 낮은 것과 닮았다.

추상적으로 보이는 우리말 그림씨(형용사)도 알고 보면 구체적인 것에서 나온다. '곱다'는 그림씨도 마찬가지. '곱다'는 높은 곳과 같다는 뜻으로 생각할 수 있다. 중세까지 우리는 코를 가리켜 고라고 했다. '고'는 얼굴에서 가장 높이 솟은 것, '곶'은 '장산곶'의 곶처럼 뭍에서 물로 뻗어 나간 것, '곳'은 이곳과 저곳처럼 랜드마크 같은 것이며 고, 곳, 곳 모두 한 뿌리에서 나왔다. 우리말의 알갱이는 이렇게 단단하다.

〈해와 달이 된 오누이〉는 해와 달이 어떻게 해서 태어났는가를 이야기하는 신화지. 하늘에 더 큰 것이 있어서 밤이 위협하는 걸 보고 오누이를 살려줬어. 하지만 밤의 위협은 끊임이 없는 거잖아. 밤이 와버리면 아무것도 가려 볼 수가 없으니까. 시각적인 정보가 살아남는 데 필요한 정보의 90퍼센트라고 하잖아? 그러니까 눈이 멀면 귀가 먼 것과는 비교도 안 되게 위험하지. 귀가 먼 것도 굉장히 큰 문제지만.

우리는 귀로 소리를 들어. 소리의 높낮이, 길고 짧음을 질서 지어서 들어. 그 소리가 말로 바뀐다고. 그런데 소리는 어디에 쓰이느냐? 서로 주고받는 데 쓰인다고. 느낌이나 생각이나 정보를 주고받는 데. 그러니 귀가 먼다는 말은 곧 외톨이가 된다는 거야. 다른 사람하고 느낌이나 생각, 정보를 주고받지 못한다는 점에서. 그런데 눈이 머는 것은 이보다 더 심각한 일이지.

눈이 머는 것은 곧 죽음이란 말이지. 살아남으려면 이것저것을 가려 볼 수 있어야 하는데 그러지 못하는 거야. 밤이 오면 눈이 멀어. 깜깜하니까 제 기능을 발휘하지 못하잖아. 하지만 빛이 있으면 이것저것을 가려 볼 수 있지. 그래서 하늘에 있는 구원자가 어둠 속에서 스스로 살아남을 수 있는 힘을 오누이에게 준 거야. 해와 달이 되도록 해서. 어둠을 물리치고 빛 가운데서 이것과 저것을 가려 볼 수 있는 해와 달.

〈해와 달이 된 오누이〉의 여러 판 가운데 하나에서 구원자가 묻는다. "누가 달이 되고 누가 해가 되겠느냐?" 누이동생이 유난히 밤을 무서워하니 해가 되었으면 좋겠다고 오라버니가 말하여 누이동생은 해가 되고 오라버니는 달이 된다.

전 세계 신화를 보면 대체로 달의 신은 여신이고 해의 신은 남신이다. 모계사회의 신화를 부계사회의 신화가 완전히 뒤집어서 중요한 신은 다 남신으로 바꾼 것이다. 그런데 〈해와 달이 된 오누이〉에서는 오히려 해의 신이 여신이고 달의 신이 남신이다. 이런 점에서 〈해와 달이 된 오누이〉는 모계사회의 전통이 또렷이 남아 있는 신화라고 할 수 있다.

***

〈해와 달이 된 오누이〉 이야기를 나는 이렇게 해석해. 정설이라고 우길 생각은 없어. 하지만 이건 꼭 알아야지. 호랑이가 아니라 범이다. 호랑이가 아니라 우리말 범으로 읽어야 한다. 범은 밤이라고 했다.

우리말로 지어낸 우리 이야기는 우리말로 풀어야지, 외국에서 들여온 말로 풀면 제대로 해석이 되지 않아. 범, 밤이 아니라 중국에서 빌려온 말인 호랑이라고 해버리면 이야기가 달라져버리는 거지.

호랑이라고 하고 이야기를 풀어가면 잔혹하기만 해. 팔 떼고 다리

떼고 마지막에는 흔적도 없이 잡아먹어버리잖아. 그런데 그걸 밤이라고 하면 전혀 달라져. 해석의 여지가 훨씬 더 늘어나고.

단군신화도 그렇고 신라의 왕 박혁거세, 남해 차차웅, 유리 이사금, 백제의 왕 온조 등이 등장하는 건국신화도 마찬가지야. 우리말로 풀면 이야기가 달라지지.

고조선의 건국신화가
우주 탄생 신화로

    우리는 단군신화를 어떻게 알고 있지? 환인桓因의 아들 환웅桓雄이 인간 세상에 관심을 두다가 인간 세상을 다스리고 싶어 했어. 이를 안 환인은 아들에게 천부인(天符印. 방울, 칼, 거울)을 주고 삼위태백三危太伯으로 가서 인간 세계를 다스리라고 하지. 환웅은 3천 무리와 함께 태백산 꼭대기 신단수神壇樹 밑으로 내려와서 신시神市를 세워 나라를 다스렸어.

    어느 날 곰과 범이 환웅에게 빌었지. 사람이 되게 해달라고. 환웅이 곰과 범에게 쑥과 마늘을 주면서 사람이 되려면 이걸 먹고 백 일 동안 햇빛을 보지 말라고 해. 곰하고 범은 굴로 들어가서 환웅의 말을 따랐어. 며칠 안 지나서 범은 못 버티고 달아나버리고 곰은 환웅의 말을 끝까지 따라 사람이 되었지.

여자가 된 곰은 아이를 갖게 해달라고 빌었고, 환웅이 잠시 남자로 변해 곰의 소원을 들어주어 혼인을 했고 아들을 낳았는데, 이 아이가 단군왕검檀君王儉이야. 이 아이가 자라 고조선을 세웠다고 해.

이 이야기는 《고기古記》라는 고대 역사책에 실려 있다고 하지. 이 책은 전해지지는 않고, 김부식(金富軾, 1075~1151)의 《삼국사기三國史記》(1145, 고려 인종 23)나 일연(一然, 1206~1289)의 《삼국유사三國遺事》(1281, 고려 충렬왕 7), 이승휴(李承休, 1224~1300)의 《제왕운기帝王韻紀》(1287, 고려 충렬왕 13)에 실려 있어.

***

단군왕검의 아버지는 환웅, 환웅의 아버지는 환인이라고 했지? 환하다는 것은 밝다는 것을 가리켜. 환한 빛이 있었어. 환인이 남자인지 여자인지는 나도 몰라. 그냥 환해. 환인의 아들이 환웅, 환한 수컷이야. 태양신이지. 우리말로 하면 해. 이 햇빛이 하늘 아래로 내려와. 누구를 데리고? 비, 구름, 바람, 번개, 천둥 같은 신을 데리고 내려와. 이신들은 농사짓는 사람들에게 큰 영향을 미치는 자연이야.

이 햇빛이 곰을 만나. '검'은 하늘의 다른 이름이었는데, 이것이 '감'으로도, '곰'으로도, '금'으로도, '김'으로도, '굼'으로도 소리가 바뀌지. 또 이것이 '개마', '고마', '구마', '고미', '구미', '금와', '기미'로도 가지를 쳤어.

우리나라 토박이 성씨 가운데 '김' 역시 하늘을 가리키는 '검'이었다고 볼 수 있다. 경주 김씨 시조로 알려진 '김알지'는 성이 '김', 이름이 '알지'가 아니라 '김'의 '알지', 그러니까 하늘의 아기(알지→아지→아기), 한자로는 천자天子를 뜻하는 말이다.

곰을 만나고 또 누구를 만난다고? 범을 만나. 호랑이가 아니야. 범은 밤이야. 밤, 범, 다 통해.

'범'을 '밤'으로도 불렀듯 홀소리(모음)는 때에 따라 소리값이 잘 바뀐다. 그래서 언어학을 공부하는 사람들은 홀소리를 제쳐두고 닿소리(자음)만으로 말뿌리를 캐는 일이 많다.

환웅, 곰, 범 다음으로 중요한 것이 쑥하고 마늘. 쑥을 '예'라고도 해. 이것을 한자로 '艾(예)'라고 썼지. 우리 글이 없을 때니까 한자음을 빌려서 쓴 거야. 우리는 예맥濊貊족이야. 여기서 '예'는 해하고 연관이 돼. '맥'도 마찬가지고. 마늘은 뭐냐면, '마날'. '마'는 남쪽을 가리키는 우리말이야. 남쪽에서 부는 바람을 마파람이라고 하지? 그러니까 마날은 남쪽에 떠 있는 해야.

백 일 동안 햇빛을 보지 말라고 했지? 백 일은 뭐야? 석 달 열흘, 곧 100일이 아니야. 온날이야, 온날. 우리말로 백(100)을 온이라고 하지. 온은 모두를 가리켜. '온갖 것'을 가리킬 때 '온'은 100이야. 한때는 열(10)이 모두를 가리켜서 온으로 불린 적도 있어. 온이 열이었다는 증거가 있지. 열, 스물 다음에 설온, 섯온이라고 해. 열이 세 번째로 나온다는 거야. 마흔, 쉰, 예순, 일흔, 여든, 아흔 할 때도 다 온이 붙는다고. 온이 열(10)을 나타내는 말로 쓰이다가 백(100), 다시 말해 '모두'를 나타나는 말이 되었지. 중국에서도 마찬가지야. 백百이 전체 경우를 나타냈어. 그래서 백성百姓이라는 말이 생겨났다지? 그러니까 백 일은 온날, 해가 비치는 '하루 내내'라고 풀어야 해.

검이나 밤이나 깜깜하기는 마찬가지야. 날이 밝지 않으면 누가 누군지 가려 볼 길이 없어. 그런데 해(예와 마날)가 뜨자마자 밤(범)은 달아나버리고 검(곰)만 남은 거야. 파랗게 빛이 바랜 모습으로 곰, 곧 하늘만 남았어. 여자의 모습을 하고.

《천자문千字文》맨 앞에 나오는 "천지현황天地玄黃"을 우리말로 풀면 '하늘은 검이고 땅은 누리다'이다. '하늘은 푸르다(풀이다)'가 아니라 '하늘은 검이다'. 밤처럼 검(하늘)도 검다.

이를 보면 검다, 누르다, 푸르다는 그림씨가 구체적인 이름씨에서 나왔음을 헤아릴 수 있다. 검은 검다, 누리(땅)는 누르다. 풀은 푸르다, 불은 붉다, 해는 희다……. 이렇게 어떤 개념을 정의할 때 같은 말을 다른 말로 바꿔서 규정하는 것을 개념적 정의conceptualization라고도 하고 사전적 정의lexical definition라고도 하는데, 이런 경우가 참 많다.

서양 신화, 특히 그리스 신화에서는 우라노스처럼 하늘을 남신으로 보는데 우리는 하늘을 여신으로 본 거야.

여신인 하늘과 남신인 해. 그렇게 해서 낳은 자식이 누구야? 해가 하늘하고 짝을 지어서 낳은 자식이 누구지? 단군왕검檀君王儉, 우리말로 풀면 '박달 이사금'이야. 단檀은 박달나무야. 박달 임금, 단군왕검이 박달 임금이야. 임금은 이사금尼師今이라는 말에서 나와. 하늘을 이었다는 뜻이야. 한자로 하면 천자天子. 하늘의 자식이라는 거지.

박달은 뭐냐 하면, 박(밝)은 환히 비추는 수컷, 곧 해를 가리켜. 달은 하늘의 달을 가리키지. 또 달은 땅(다→따→땅)을 가리키기도 해. 그러니까 박달은 하늘을 잇는 밝은 달, 하늘을 잇는 밝은 땅이야.

양달을 박달이라고 한다면 응달은 검달이라고 한다.
경사진 땅을 뜻하는 비탈은 빗달에서 나왔다.

***

단군신화를 이렇게 해석하는 사람들도 있어. 곰 부족하고 호랑이 부족이 있었는데 두 부족이 결합해서 우리나라가 생겼다. 맨 먼저 그런 말을 한 사람은 육당 최남선(六堂 崔南善, 1890~1957)이거든. 〈불함문화론不咸文化論〉이라는 논문에서 그런 식으로 해석했는데, 그걸 학자들이 잇고 여러 책에 나오고 교과서에까지 실리면서 우리가 자동인형처럼 외고 있었어. 외지 말고 생각을 해야 하는데……

사람은 호기심이라는 게 있어서 하늘은 어떻게 생겼을까, 달과 별은 어떻게 생겼을까, 이 땅은 어떻게 생겼을까, 사람은 어떻게 생겼을까 등등 궁금해한다고. 그런 궁금증은 자연스러워. 그 궁금증을 풀어내면서 우주 창조의 신화가 나오는 거지. 하지만 이 사람들의 말을 따르면 우리나라에서는 우주 창조의 신화가 사라지게 돼. 창조 신화가 없었느냐? 있었어. 있었는데 해석을 엉터리로 해서 없어져버렸지. 최남선이 저지른 가장 큰 문제는 친일 행위가 아니라 단군신화를 잘못 해석해서 우리 민족을 우주 창조 신화가 없는 민족으로 만든 거야.

단군신화를 다시 봐. 땅이 태어나는데 그 땅은 달, 딸로 태어났고, 하늘을 잇는, 태양이 낳은 아이야. 이 땅은 여신이지. 이 땅하고 달은 같아. 하늘과 해가 짝지어서 땅도 낳고 달도 낳고. 이렇게 볼 수 있다는 거야. 이렇게 되면 호랑이 부족과 곰 부족이 연합해서 고조선이 생겨났다는 어림친 부족 신화가 아니라 우리나라에도 천지창조의 신화가 있었다는 게 증명되니, 세계에서 천지창조 신화가 없는 유일한 나라라는 오명을 뒤집어쓰지 않아도 되는 거야.

해의 각시 박혁거세와 솟은 해 남해 차차웅

신라 시조 박혁거세朴赫居世의 신화는 어떨까? 이 신화는 《삼국유사》에 실려 있지.

신라는 처음에 부족국가였지. 신라에는 화백和白이라고 나라의 큰 일을 의논하는 회의 제도가 있었어. (나중에는 진골 귀족들만 나갔지만) 경주의 여섯 촌장이 모여서 나라 전체의 살림을 서로 의논하는데, 임금이 없어서 질서가 없다며 임금을 모시고 나라를 세우자고 해.

그러던 가운데 저편으로 이상한 기운이 보여서 촌장들이 그곳으로 가 봤는데 하얀 말 하나가 우물 가까이 엎드려 있다가 하늘로 날아가. 말이 있던 자리를 봤더니 큰 알이 하나 있네. 촌장들이 그 알을 신기해하면서 보는데 알이 깨지면서 사내아이가 나와. 몸을 씻겼더니 그 사내아이 몸에서 빛이 나.

이 아이가 박혁거세지? 박처럼 알이 크다고 해서 성을 '박'이라고 하고, 이름을 '혁거세' 또는 '혁거세 거서간赫居世居西干'이라고 붙였다고 해. 여기까지가 우리가 아는 박혁거세 이야기.

***

박혁거세 이야기가 만들어져서 전해지던 때에는 우리 글이 없었지. 그래서 수나라나 당나라 이전 한어漢語의 소리를 빌려서 우리말을 적은 거거든. 그때 그 소리, 《삼국사기》나 《삼국유사》의 우리 이름을 기록한 그 한자의 소리가 어떤 것이었는지는 지금 알기가 힘들어. 중국에서도 여러 이론이 있고 우리나라에서도 여러 이론이 있어.

그중 받침이 있는 말은 아주 적었고 닿소리와 홀소리가 결합해서 한 소리의 단위를 이루었다고 주장하는 사람이 있는데, 맞다고 봐. 곰. 지금은 '고' 아래 'ㅁ'자를 붙여서 받침이 있는 말이 됐잖아? 옛날에는 받침이 없었고 고마, 가마, 거미, 구미, 기미, 이런 식으로 닿소리와 홀소리가 모여서 한 소리가 이루어졌다는 거지. 그런데 이 말을 어떻게 한자로 옮겨서 적었는지, 그 한자의 소리값이 어땠는지를 확실하게 이야기할 수 있는 사람이 지금 아무도 없어. 몇천 년 전의 소리이기 때문에, 그리고 소리값이 계속 바뀌었기 때문에.

땅 이름 같은 건 잘 바뀌지 않는 경향이 있어. 그래서 한자로 옮긴 옛날 기록을 가지고 우리나라 사람들이 어떻게 발음했을까, 그 뜻은 무엇일까 짐작할 수 있는 거지. 다 그런 건 아니지만, 그런 기록들이 당시의 우리말을 알 수 있는 실마리가 돼.

고구려, 신라, 백제 세 나라가 힘을 겨루던 때가 있었지? 7세기나 8세기, 그 전에 6세기. 광개토왕이나 장수왕 때처럼 고구려가 굉장히 힘이 셌을 때는 남녘 깊숙이까지 들어왔어. 당시 국내성이 있었던 압록강 언저리 중국 지린 성 지안 현 지역이 고구려 수도였는데 한강 너머까지 내려온 적도 있고. 또 어떤 때는 백제나 신라가 중부 지방을 차지하고, 그 위로 치고 올라간 역사 기록도 있고. 이러면서 이 땅이 우리가 차지해야 할 땅이다, 지켜내야 할 땅이다, 생각할 만큼 중요한 땅이 있을 때는 점령하고 나서 점령자의 말로 땅 이름을 바꾸려고 시도하지. 하지만 전략적으로 중요하지 않은 마을들은 옛 이름을 그대로 지니고 있게 놔둬. 전략적으로 중요한 마을만 자기네 말로 이름을 바꾸는 거지. 이름을 자기 식대로 바꿔야 다스리기가 좋잖아. 이렇게 해서 바뀐 땅 이름이 꽤 돼.

그렇지 않은 경우, 땅 이름은 잘 안 바뀌고 바뀌어도 굉장히 더디 바뀌어. 사람들이 대대로 땅에 뿌리를 내리고 살잖아. 서양에서도 바빌로니아라든지 아시리아라든지 페니키아라든지 수천 년 전에 나라는 망해버렸는데 땅 이름은 남아 있는 것들이 있다고. 미국을 봐도 그렇고. 미국에는 50개 주가 있는데, 그 절반 정도는 아직도 아메리카 인디

언이라 불리던 사람들, 그러니까 원주민들이 부르던 이름을 그대로 쓰고 있다고. 미시시피라든지 미주리라든지. 이렇게 땅 이름은 오래 지속이 돼.

그런데 우리 땅 이름을 중국식으로만 적어놓으면 우리말로 발음이 어떤지, 어디를 가리키는지 잘 모를 거야. 한자를 쓰지만 우리 식으로 우리말의 음이나 뜻을 옮기면 이게 우리말로 무엇이었겠구나 하고 짐작을 할 수 있는 게 있겠지. 이를테면 《계림유사鷄林類事》가 있어.

《계림유사》는 11세기 송나라의 손목孫穆이 사신으로 고려에 와서 보고 들은 것들을 적은 책이야. 물론 한자로 썼지. 336개의 우리 토박이말이 실려 있어. 이곳에서는 물건들을 어떻게 부르더라, 여기서는 이런 표현을 하더라 이런 것들이 쓰여 있어. 양은 얼마 안 되지만 우리말을 아는 데 큰 도움이 되는 책이야.

서라벌을 가리켜 계림이라고 했다. 어떻게 서라벌 또는 쇠벌(서라벌→쇠벌)이 계림이 되었을까?
닭 계鷄에 수풀 림林, '닭 숲'? 두 말이 너무 동떨어지니 닭 계를 닭이 아니라 닭을 포함한 새를 가리키는 말이라고 보자. 그다음에 수풀 림. 옛날에는 쌍시옷이라든지 쌍기억처럼 된소리(경음)라든지 거센소리(격음), 딱딱한 발음은 쓰이지 않았으니 수풀에서 풀을 '풀'이라고 보지 말고 '불'이라고 보자. 그렇게 보아 새(쇠)+불(벌)로 하여 서라벌을 계림이라고 옮겼을 수 있다.
손목이 말을 모은 곳이 서라벌이 아니라 달구벌이라고 생각해볼 수도 있다.

'달구벌'은 '닭'하고 발음이 같으니 닭 계 자와 수풀 림 자를 써서 '계림'이라고 했을 수도 있다. 서라벌을 달구벌이라고 불렀을지도 모른다. 모래내, 사천沙川처럼 똑같은 땅 이름은 온 나라에 퍼져 있으니까. 또 서라벌의 한 마을 이름이 달구벌일 수도 있지 않을까?

* * *

홀소리는 때에 따라서 잘 바뀐다고 했지? 옛날 히브리어를 보면 홀소리가 하도 자주 바뀌니까 닿소리로만 기록을 남겼어. 물론 닿소리도 바뀌기는 해. 'ㄱ'이 'ㅈ'으로 바뀐다든지. '길'을 '질'로 발음하기도 하잖아. 'ㅎ'이 'ㅅ'으로 바뀐다든지. '형'을 '성'이라고 하기도 하고. 그런데 홀소리처럼 닿소리는 쉽게 바뀌지 않아. 말뿌리를 찾는 어원학자들이 닿소리에 기대서 뿌리를 캐는 까닭이 바로 거기 있어. 그렇기 때문에 옛 기록을 보고 미루어서 짐작할 수 있는 말들이 있어. 이런 사실들을 바탕으로 '박혁거세'를 보자고.

'박' 하면 호박, 뒤웅박 이런 걸 생각할 수도 있지만, 박혁거세에서 '박'은 '불이 밝다' 할 때처럼 환히 빛나는 해를 가리킨다고 보자고. 그 뒤에 '혁'은 왜 붙였느냐? '박'이라는 말을 풀이해주기 위해서 덧달아 놓은 거야. 붉을 혁赫 자를. 그런데 '거세'는 무엇이냐는 거지.

'거세'는 여러 가지로 설명할 수 있는데, 나는 '가시'로 봤어. 가시는 뭐냐 하면, 가시버시, 곧 여자야. 각시라는 말이 아직도 남아 있지.

그러니까 박혁거세는 박가시, 박각시라고 할 수 있어. 그러면 여자잖아? 해의 각시니까.

이것을 또 어디에서 미루어 생각할 수 있느냐? 박혁거세를 '불거내 弗矩內'라고도 불렀어. 불거내는 전혀 딴 이름 같잖아. 그럼 불거내가 뭐냐? 함경도 말에 '간나'라는 게 있지. '가시나'를 줄여서 '간나'라고 하는데, 이 앞에 '불'이 붙었어. '박'하고 '불'하고는 같은 뜻이야. '불이 밝다'라는 뜻. 이렇게 보면 '불거내', '불간나'하고 '박각시'하고 같은 말이었을 수가 있다. 그렇다면 박혁거세는 여왕이었을 가능성이 크다. 이렇게 볼 수 있단 말이야.

박혁거세 다음에 나오는 '거서간'은 뭘까? '거서'는 '가시'가 바뀐 말이라고 볼 수 있고, '간'은 '한', 곧 우두머리라는 뜻이야. 칭기즈칸이라고 하듯이. '한'이라는 말은 크다는 뜻도 있지만 우두머리, 군장이라는 뜻도 있어. '박혁거세 거서간'은 '박각시 가시한'이라고도 할 수 있지.

박각시 가시한은 해의 아내이자 여자로서 우두머리다, 이렇게 보면 역사가 바뀌는 거야. 박혁거세를 왕으로 보는 사람도 있고 여왕으로 보기도 하는데, 이렇게 보면 박혁거세를 남자라고 보는 이론이나 통설이 무너질 수 있단 말이지. 박각시, 불간나는 '해의 각시'니까.

***

신라의 2대 왕인 남해 차차웅도 여자였다는 설이 있어. 그런데 내가 보기에는 아니야. 신라 2대 왕 남해 차차웅은 남자다, 이렇게 봐.

남해 차차웅은 순수한 우리말 이름이야. 이것을 중국 한자로 표기하다 보니까 남해 차차웅으로 읽을 수밖에 없게 된 거야. 한글로 된 우리말 표기법이 세종 때에서야 나오잖아. 중국의 《홍무정운洪武正韻》(1375)을 참고해서 우리말 발음 표기법인 훈민정음訓民正音을 만들고 중국어 표준 발음 책 《동국정운東國正韻》(1448, 세종 30)을 펴낸다고.

중국어, 아니 한어漢語의 발음은 시대에 따라 다르고 지역에 따라 달랐다. 말이 통해야 지배 집단이 나라를 다스릴 수 있어서 중국은 발음을 통일하려는 노력을 끊임없이 해왔다. 그 가운데 표준 발음을 정한 대표적인 것이 《홍무정운》으로, 명나라 태조 홍무 8년에 나왔다.

그런 한어 발음 규칙에 따라서 우리는 남해 차차웅南解次次雄이라고 발음을 한 거야. 세나라시대(삼국시대)에 ㅊ 발음은 없었어. 그러니까 '남해 사사웅' 이런 식으로 발음이 됐겠지. 우리말로 고쳐보면, 나매 솟쇠(솟수). '사사웅'의 숫 웅雄 자는 남자인 걸 밝히기 위해서 붙인 거지. 이 한자말을 괄호에 넣었다 생각하면 '나매 솟쇠'가 돼.

'나매 솟쇠'는 어떻게 볼 수 있느냐? '난바다'라고 들어본 적 있지? 나매는 난바다를 가리키는 말일 수 있어. 펼쳐진 것을 가리켜 '나'라고 했어. '나라'는 펼쳐진 들판이나 강가를 뜻했는데, 이것이 나라 국國, 나라가 돼. 옛날에는 대체로 낟알(곡식)이 많이 나는 넓은 들판이 있는 곳에 왕국이 자리를 잡았으니까. '매'는 뭐냐? 물을 가리킬 때 옛날에는 두 가지로 표현했어. '매'와 '물'. 지금도 서해안에서는 밀물 썰물 때, 곧 물때를 가리킬 때 한 매 두 매라고 부르고, 남해안에서는 한 물 두 물이라는 말을 써. 그래서 나매는 툭 트인 바다, 난바다라고 할 수 있다고.

숏쇠는 솟았다는 뜻이야. 해를 가리키는 숏해(숏은 해)라고 할 수도 있어. 난바다에서 솟은 해라고 할 수도 있는데, 우리나라에서는 태양신을 보통 남신으로 봤으니까 남자라고 볼 수 있는 거지. 그런데 '해'에서 ㅎ이 ㅅ으로 소리가 바뀌어. 수컷을 가리키는 '해'가 '쇠'로 바뀌는 거지. 돌쇠, 마당쇠 하듯이 '쇠'로 바뀐다고. 암컷은 쇠라고 하지 않아. 그렇게 보면 '나매 사사웅'은 난바다에서 솟아오른 해인 수컷이라고 볼 수 있는 거지.

***

이 말을 곧이곧대로 받아들이지는 마. 이렇게 볼 수도 있다는 거지. 왜 굳이 이런 말을 하느냐 하면, 우리나라 학자들이 어떤 일을 밝힐 때 말보다는 글에, 소리보다는 꼴에 너무 기대는 경향이 있어서 쉽게 풀 수 있는 일도 어렵게 어렵게 풀어나간다고 여기기 때문이야.

김대문과 금석학자들은
어떻게 이상한 신화를 만들었나

신라의 왕들을 보면 1대가 박혁거세 거서간(박각시 가시한), 2대가 남해 차차웅(나매 솟쇠), 3대가 유리 이사금, 그 뒤로 이사금으로 죽 내려오지? 여기서 이사금은 뭐냐 하면, 금(검)을 이었다는 거거든. 하늘을 이었다는 말이야. 한자로는 천자天子.

유리 이사금에서 '유리'는 '유리', '유례', '누리' 등 여러 가지 표기가 있어. 하지만 이것이 누리, 곧 땅이라는 이름을 한자로 표기한 건 분명하거든. 단군신화에서도 봤듯이 우리는 땅을 여성으로 보았어. '누리'나 '다'나 다 여성을 나타내는 말이었어. 하늘에 떠 있는 달(다라)도 마찬가지고. 그러므로 누리 이사금은 남자가 아니었을 가능성이 있는 거지. 신라에서는 여자가 임금이 되는 전통이 이어졌을 가능성이 크다고. 그 전통이 오랫동안 이어졌기 때문에 선덕이나 진덕이나 진성이 여왕으로 있었어도 아무도 그것이 신기한 일이라고 여기지 않는다는 말이야.

3대가 유리 이사금, 4대가 석탈해(脫解 尼師今)고, 그다음부터 죽 이사금으로 이어와. 그러다가 또 바뀌어. 다음 장의 신라 왕 계보를 봐. 16대 왕 흘해 이사금까지 이사금이고, 17대 내물 마립간부터 마립간으로 바뀐다고. 22대 지증왕부터는 왕으로 바뀌지. 고구려나 백제는 왕을 가리키는 이름이 저마다 다른데 신라는 같은 이름으로 이어지는 흐름이 있거든.

여기서 '이사금'이란 말은 왠지 낯설지가 않지? 이사금에서 임금이라는 말이 나와. 5세기까지 우리말은 닿소리와 홀소리가 함께 하나의 소리마디를 이룬다고 앞서 이야기한 적이 있지? 받침은 나중에 생겼어. 그래서 아래처럼 '이사금'에서 ㅏ 자가 탈락하면서 '잇검'이 되고, '검'이 '금'으로 바뀌어. '잇'의 ㅅ이 ㅁ 자로 바뀌어서 '임금'이 되지. '금'의 ㄱ의 영향을 받아서.

이사금(이사검) → 잇검 → 잇금 → 임금

***

'이사금'을 풀이하는 데 딴 소리들이 있어. 우리말이 바뀌어온 흐름

1대	혁거세 거서간(赫居世居西干)	29대	무열왕(武烈王, 태종)
2대	남해 차차웅(南解次次雄)	30대	문무왕(文武王)
3대	유리 이사금(儒理尼師今)	31대	신문왕(神文王)
4대	탈해 이사금(脫解尼師今)	32대	효소왕(孝昭王)
5대	파사 이사금(婆娑尼師今)	33대	성덕왕(聖德王)
6대	지마 이사금(祗摩尼師今)	34대	효성왕(孝成王)
7대	일성 이사금(逸聖尼師今)	35대	경덕왕(景德王)
8대	아달라 이사금(阿達羅尼師今)	36대	혜공왕(惠恭王)
9대	벌휴 이사금(伐休尼師今)	37대	선덕왕(宣德王)
10대	내해 이사금(奈解尼師今)	38대	원성왕(元聖王)
11대	조분 이사금(助賁尼師今)	39대	소성왕(昭聖王)
12대	첨해 이사금(沾解尼師今)	40대	애장왕(哀莊王)
13대	미추 이사금(味鄒尼師今)	41대	헌덕왕(憲德王)
14대	유례 이사금(儒禮尼師今)	42대	흥덕왕(興德王)
15대	기림 이사금(基臨尼師今)	43대	희강왕(僖康王)
16대	흘해 이사금(訖解尼師今)	44대	민애왕(閔哀王)
17대	내물 마립간(奈勿麻立干)	45대	신무왕(神武王)
18대	실성 마립간(實聖麻立干)	46대	문성왕(文聖王)
19대	눌지 마립간(訥祗麻立干)	47대	헌안왕(憲安王)
20대	자비 마립간(慈悲麻立干)	48대	경문왕(景文王)
21대	소지 마립간(炤知麻立干)	49대	헌강왕(憲康王)
22대	지증왕(智證王)	50대	정강왕(定康王)
23대	법흥왕(法興王)	51대	진성여왕(眞聖女王)
24대	진흥왕(眞興王)	52대	효공왕(孝恭王)
25대	진지왕(眞智王)	53대	신덕왕(神德王)
26대	진평왕(眞平王)	54대	경명왕(景明王)
27대	선덕여왕(善德女王)	55대	경애왕(景哀王)
28대	진덕여왕(眞德女王)	56대	경순왕(敬順王)

을 모르면 딴 소리들을 한다고. 이걸 모르니까 엉터리 어원을 들이대는 사람들이 나와.

김대문金大問이 아마 7세기 후반에 태어났을 거야. 이 사람이 8세기 초 신라 성덕왕 때 《화랑세기花郎世記》라는 책을 써. 일연이 《삼국유사》를 쓰고 김부식이 《삼국사기》를 쓸 때도 자료로 삼을 만한 우리 역사책이 《화랑세기》만 남아 있었어. 설총(薛聰, 655~ ?)도 김대문의 《화랑세기》를 보고 연구했을 만큼 김대문은 당대의 제일가는 학자라고 여겨졌어. 설총은 이두吏讀를 모으고 정리한 학자지.

신라의 지증왕이 왕이 되었을 때가 500년이었을 거야. 이때 중국식 제도를 받아들여서 '이사금'을 '왕'으로 바꾼다고. 사람 이름이나 제도 등을 우리말이 아니라 중국 한자말로 정착시키는 시기가 6세기 초 지증왕 때부터야. 그런데 김대문이 이런 이야기를 한다고. '이사금'이 '치리齒理'라는 뜻이라고. 여기서 '치齒'는 이빨, '리理'는 무늬를 가리켜. 그래서 이사금이 이에 난 금을 가리킨다고 주장하지. 잇금.

2대 왕 남해 차차웅이 아들 유리하고 사위 석탈해에게 둘 중 나이가 많은 사람이 왕위를 이을 것이라 하고, 소나 말 같은 짐승들의 이를 보고 나이를 알 수 있듯이 둘의 이를 보고 결정하겠다고 해. 둘의 입을 벌려서 보았더니 유리의 이가 금이 더 많이 갔더라, 그렇게 해서 유리 이사금이 3대 왕이 됐다는 식의 엉터리 소리를 해. 김대문이 그런 엉터리 말뿌리 해석을 《화랑세기》에 써놓았어. 그 엉터리 어원에 기대서 김대문은 훌륭한 학자니 이 사람 말이 맞겠지 하고 다들 따라가는 거야.

그래서 이사금이란 말이 어디에서 나왔는지 잊혀버린 거지. 이사금에서 '검(금)'이 열쇳말인데, 이게 빠지니까 이런 이야기가 나오는 거야.

유리 이사금에서 누리(유리)를 다른 말로 뭐라 그래? 온누리 할 때 누리는 뭐를 가리키지? 땅. 땅은 옛날에 '다'라고 했어. '다'가 '따'가 되고 '땅'으로 바뀌어. 누리는 남자야 여자야? 여자야. 이사금(이사검)은 '하늘을 이었다'는 뜻이니까, 유리 이사금은 '하늘을 이은 딸'이란 말이야. 그렇게 보면 여자야. 이(이빨)가 금 간 것하고는 상관이 없어. 유리 이사금은 여왕이라고 볼 수 있다고.

이렇게 보면 신라는 처음에 여왕(암컷)이었다가 뒤를 왕(수컷)이 이어받았다가 또 여왕에게 물려줘. 뒤에 남자 중심의 세계로 바뀌었기 때문에 단군왕검부터 남자로 보는 역사가 계속되는데, 우리말의 뿌리를 찾아서 우리말로 역사를 재구성할 수 있는 길이 열려야 해. 우리말의 흔적이라는 것이 눈에 보일 듯 말 듯 적은데, 아주 작은 실마리라도 찾아서 역사를 새로 읽어내야 한다고. 그 옛날에는 한자말 발음이 어땠는지 모르고 기록에 남은 우리말의 흔적이 적긴 하지만 어떤 말들은 오늘날까지도 이어져 내려오니까 미루어 짐작할 수 있어.

*　*　*

신라 지증왕 때부터 '이사금' 대신 '왕'이라고 한 것처럼 우리말 대신 중국식 한자말을 썼다고 했지? 5세기 말, 6세기 초에 우리나라하고 중국 사이의 교류가 많아서 한자말 가운데서 쉬운 말부터, 그리고 특히 벼슬 이름이라든지 중요한 땅 이름, 사람 이름을 한자를 빌려서 표기하는 일이 부쩍 늘어. 그걸 모르면 다음 내 글에서처럼 "이사지왕尒斯智王이 나타났다"고 주장하게 되는 거지.

새로운 '금석학 대가'들이 나타났다. 그리고 그 사람들이 칼자루 끝에 새겨진 글자들을 아주 독창적인 방식으로 읽어내 듣도 보도 못한 사람을 새로운 '신라의 왕'으로 떠받들어 신라 초기의 역사를 다시 쓰겠다고 벼르고 있다. 그러나 이번에 드러난 금관총의 '금석문'을 꼼꼼히 들여다보면 이 소동이 헛소동임을 누구나 알 수 있다. 사람 손으로 새겨진 것임이 분명한 글자는 "尒斯天▽曰王"이다.

여기에서 신라 시대 최고 통치자를 가리키던 '이사금'과 '이사천'이 같은 뜻을 지니고 있는지 아닌지를 따져보자. 결론적으로 같은 뜻을 지닌 글자다. '이사금'은 '검을 이었다'는 뜻으로 중국식으로 표현하면 '천자天子'다.

이번에 발견된 글자는 '이사검' '가로되' '왕'이라는 것을 지시한 것이다. '이' 조그마한 소동이 벌어진 것은 '天'의 왼쪽에서 자연적으로 훼손된 흔적인 ' ' '을 사람 손으로 긁은 것으로 잘못 알아 '矢' 자로 읽고, 현대 표기법으로 'ㅡ'이나 ','로 보아야 할 ▽을 'ㅁ' 자로 오인해서 天▽曰을 한 글자로 묶어 '智'로 합성한 데에 따른 것이다.

이 칼 또는 칼집에 적힌 글에서 우리가 눈여겨보아야 할 것은 소리를 본떠 써왔던 한자를 이 무덤이 쓰일 무렵 뜻을 본떠 쓴 증거가 나타났다는 것이다. 다시 말해서 '검(금)'으로 썼던 '하늘'이 '天'으로 바뀌고, '이사금'으로 읽던 것을 '이사천'으로 표기했다는 것, 그리고 '가로되'라는 세 글자가 쓰기에 번거로워 '曰'로 쓰이고, '이사금' → '잇검' → '임금'보다 발음하기도 쓰기도 쉬운 중국 글자 '王'이 최고통치자 이름으로 쓰이기 시작했다는 것이다.

— " '이사지왕'이 나타났다?", 《한겨레》 2013년 7월 15일자

신라의 지배계급은 '왕王'처럼 쓰기 쉬운 말부터 들여와서 우리나라 벼슬 이름이라든지 땅 이름이라든지 사람 이름을 한자말로 바꿔내기 시작했어. '내'는 우리말로 물을 나타내는데, 이두로 표기할 때는 복잡한 한자로 쓰기도 했다고. 그런데 중국 한자는 세로로 세 획을 긋기만 하면 되니 편하거든. 川(내 천), 이렇게. 산도 마찬가지잖아. 山(뫼 산).

이사지왕 소동을 보고 쓴 글을 다시 읽으니 하나 덧붙이고 싶어지네. 나는 제국주의 일본의 고고학자들이 1922년에 마구잡이로 파헤친 이 소동의 무대 금관총이 지증왕의 묘였을 거라고 여기는데, 이건 그냥 짐작일 뿐이야. 내 말이 옳다고 우기려면 이런저런 뒷받침 자료를 끌어대야 하는데, 난 역사학자가 아니니까 그렇게 한다고 해서 믿어줄 사람도 없을 테고, 또 그럴 짬도 없어.

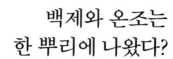

백제와 온조는
한 뿌리에 나왔다?

기록으로 남은 신라나 고구려, 부여 왕들의 이름을 보면 두 마디로 나뉘지? 신라의 시조 박 혁거세朴赫居世. 고구려의 시조 고 주몽高朱蒙. 북부여의 시조 해 모수解慕漱. '해 맞는 수컷(해의 아들이자 으뜸가는 수컷)' 해 모수, 이런 식으로. 그런데 백제의 시조라고 하는 비류沸流와 온조溫祚는 그렇지 않아.

《삼국사기》에 실린 백제의 건국신화에 따르면, 비류와 온조는 고구려를 세운 동명성왕이 졸본부여왕의 딸 사이에서 낳은 아들이었다. 두 사람은 왕위에 오를 유력한 인물이었으나 동명성왕이 그보다 더 일찍 북부여의 예씨 사이에서 얻은 아들 유리가 찾아오고 그를 태자로 임명하면서 비류와 온조는 10명의 신하와 함께 남쪽으로 떠난다. 동쪽에 높은 산, 서쪽에 큰 바다, 남쪽에 기름진 땅, 북쪽에 큰 강이 있는 하남河南 위례성慰禮城에 자리를 잡고 온조는 그곳에서 온조 백제를 세우고, 비류는 소금기가 많고 습한 땅 미추홀로 더 나아가 도읍을 정해서 비류 백제를 세웠다. 그러나 비류 백제는 망하고 온조 백제는 살아남아 백제의 뿌리가 되었다고 한다.

박 혁거세, 고 주몽, 해 모수, 비류, 온조. 앞 마디를 성姓이라고 하고 뒷마디를 이름이라고 하면, 둘은 그런 게 없단 말이지. 그래서 비류, 온조가 사람 이름인지 아닌지 더 연구해봐야 해.

* * *

백제百濟를 우리말로 옮기면 어떻게 돼? '온제'지. 우리말 '즈믄'은 천(1000)을 나타내고, '온'은 백(100)을 나타내기도 하고 열(10)을 나타내기도 했어. 스물, 서른, 마흔, 쉰, 예순, 일흔, 여든, 아흔 여기에 모두 온이 들어간다는 말 했나? 백제를 '십제+濟'라고 쓴 기록도 있어. 그러면 온제는 무슨 뜻이겠어? '모든 때'. '어제', '이제'로 시간을 나타내듯이 '온제'는 모든 때를 나타내는 말이야. 길고 긴 모든 세월을 아우르는 말이지.

온조하고 백제는 같은 말일 수 있어. 온조, 은제, 온제……. '온조'

를 한자로 '온조'라고만 하지는 않았다고. 여러 가지로 표기했어. 그래서 온제와 백제, 왕의 이름하고 나라 이름이 하나로 불리게 된 거라고 볼 수 있고.

또 이렇게도 생각해볼 수 있지. 일본에서 천왕을 보고 "반자이! 반자이!"라고 하잖아. 중국에서도 그래. "만수무강萬壽無疆하옵소서." 중국에서 온 말이거든. "long live the king", "long live the queen"과 같은 말이야. 백성들이 권력자들에게 잘 보이고, 힘센 사람 비위를 맞추려고 "만세! 만세!" 한단 말이지. '오래오래 살아남으소서' 하는 말이야. 그렇게 알랑거려야 힘없는 백성들은 살아남을 수 있으니까. 온조가 북쪽에서 내려와서 지금 경기도 광주를 점령하고 이제부터 자기를 섬기라고 윽박지르는데 잘못 보이면 안 되지. 점령군 우두머리가 들어오니까 "온제! 온제!" 하는 거야. 요즈음에도 전쟁에서 이긴 점령군이 나타나면 두 팔 번쩍 들고 환영한다는 뜻으로 만세를 부르잖아. 거기서 온조(온제)라는 이름이 생겼을 수 있어.

***

이런 식으로 우리말을 찾아서 우리 신화, 우리 역사를 읽으면 덕지덕지 붙었던 더께가 사라지고 다른 세계가 보인단 말이지.

그런데 우리말이 뭘까?
어떤 걸 우리말이라고 할까?
우리말은 어떻게 생겼을까?

2장

그 멋진 말을
누가 바꿔치기했을까

자지 보지 예쁜 우리말

조의 아지는 조아지 → 자지

보의 아지는 보아지 → 보지

아지는 아직 어린 것, 강아지, 송아지, 망아지

조는 고가 바뀐 말

높이 솟거나 앞으로 뻗친 것을 가리키는 우리말

우리 얼굴에서 우뚝 솟은 고(코)

뭍에서 물로 뻗어 나간 장산곶

오가 어로, ㄱ이 ㅈ으로 바뀌어

가슴에서 솟은 곳은 젖, 샅에서 뻗친 것은 좆

(이 '곳' 저 '곳'이라는 말도 높이 솟아 눈에 띄기 쉬운 데를 가리키는 우리말)

자궁의 우리말은 예쁜 아기보

아기보보다 덜 자라 아이를 폭 감쌀 만큼

크지 못한 것은 보아지, 보오지

조가(좃이) 아직 조그마해서 고추만 할 때
부르는 조아지, 자아지.
이렇게 우리 몸에서 가장 자랑스럽고 쓸모 있는 걸
깨끗한 우리말로 가리켜왔는데
어쩌자고 이걸 상스러운 욕이라고 못 박아
자지를 자지라고 보지를 보지라고 못 부르게 하는지
서너 살만 되어도 알아듣는 우리말을
입 밖에 내지 못하게 윽박질러
아비를 아비라고 형을 형이라고 부르지 못해
가슴에 응어리가 진 홍길동보다 더 답답한 우리 애들
뒷간에다, 담벼락에다 몰래몰래 그리고 쓴다.
누리 자지, 나래 보지.

우리말은 어디로 사라졌지

몇 년 전부터 '인문학人文學' 바람이 불어. 여기저기서 인문학을 공부해야 한다고 하고, 너도나도 인문학 공부를 하고 싶어 해. 그런데 인문학 책이라고 하는 것들을 펴서 봐. 우리말이 거의 보이지 않아. 영미나 유럽의 말을 그대로 옮긴 것이나 일본식 한자말투성이야.

땅 → 대지大地 / 풀밭 → 초원草原

사람 → 인간人間 / 집짐승 → 가축家畜

나물이나 남새 → 채소菜蔬 / 낟알 → 곡물穀物

나무 → 목재木材 / 굴 → 터널tunnel

곰나루 → 웅진熊津 / 버들곶나루 → 양화진楊花津

노들나루 → 노량진鷺梁津

감은돌이 → 흑석동黑石洞, 현석동玄石洞

바람들이 → 풍납동風納洞 / 삼개 → 마포麻浦

모래내 → 사천砂川

염통 → 심장心臟 / 양 → 위장胃腸

애 → 소장小腸, 대장大腸

아랫도리 → 하체下體 / 똥구멍 → 항문肛門

씹과 보지 → 여근女根 / 좆과 자지 → 남근男根

불알 → 음낭陰囊 / 샅 → 음부陰部 / 거웃 → 음모陰毛

윗옷 → 상의上衣 / 아래옷 → 하의下衣

쥐는 힘 → 악력握力 / 힘 → 에너지energy

목숨 → 생명生命 / 숨쉬기 → 호흡呼吸

잊음이 많다 → 건망증健忘症이 심하다

배움 → 학습學習 / 버릇 → 습관習慣

얼개 → 구조構造 / 이야기 → 담론談論

먼바다 → 원양遠洋

가랑비 → 세우細雨

마파람 → 남풍南風 / 저물녘 → 석양夕陽

해저물 → 일몰日沒 / 해뜸 → 일출日出

푸른빛 → 초록색草綠色, 청색靑色

이렇게 귀에 잘 들어오지 않고, 눈으로 잘 그려지지 않고, 살갗에 잘 와 닿지 않는 남의 말투성이야. 그런데 이런 말들을 책에만 쓰는 게 아니지. 이런 어려운 남의 나라 말들로 우리는 이야기를 주고받고 있어. 멀쩡한 사람을 귀머거리로, 소경으로 만드는 이런 '말놀음'이 '언어유희言語遊戱'가 되어 우리 말길을 막고 있어.

이런 어려운 남의 나라 말들은 거슬러 올라가 보면 힘센 사람들의 말이고 먹물들의 말이야. 우리 삶과 살림과 우리를 둘러싼 온갖 꽃과 나무, 벌레와 짐승, 산과 들과 바람과 햇살을 싱싱하게 드러내던 우리 말들이, 힘센 사람들이 힘을 앞세워 들여다 퍼뜨린 힘센 나라 말들에 치어서 힘을 잃고 사라져버린 거지. 그 뒤로 멀쩡한 사람도 무지렁이로 몰릴까 봐 이야기를 '이야기'라고 말하지 못하고 '담론'이라고 하잖아.

또 상스럽다고 손가락질 받을까 봐 자지를 '자지'라고, 보지를 '보지'라고, 불알을 '불알'이라고 하지 못하고 '남근', '여근'이나 '음부',

'음낭'이라는, 더 칙칙하고 알아듣기도 힘든 한자말을 써. 물 건너온 어려운 말로 바꾸어놓아야 직성이 풀리는 '먹물'들의 고약한 말버릇을 본뜨게 된 것이지. 보지, 자지, 불알 같은 말이 왜 상스럽지?

'자지'는 조(고: 솟아난 것), 좆의 아이라는 말이야. 좆은 수컷 아랫도리 샅에서 솟아난 것이고. 그러면 '보지'는 뭐야? 봇의 아이라는 뜻이지. 봇은 아기보라는 말이야. 자궁을 아기보라고 하지? 아기 보자기. 봇은 뿌려진 씨앗을 받아들이는 곳이야. 밧(밭)이라는 말도 여기서 나왔어. '봇'이라는 말이 제주도 사투리로 남아 있어. 자지, 보지라는 말은 아이들한테만 썼어. 송아지, 망아지 하듯이.

얼굴에서 솟은 것은 고(코). 뭍에서 바다로 죽 길게 뻗어나간 것은 곶. 여자들 가슴에서 솟은 것은 '젖'. 수컷의 샅에서 솟은 것은 좆. 고, 곶, 젖, 좆 모두 한 뿌리에서 나왔다.

거웃이라는 우리말을 두고 '음모'라는 칙칙한 한자말을 쓰지? 거웃은 '꽃'이라고도 해. '불꽃', 불두덩이에 피어난 꽃. '씹'이라는 말이 있지? 쓰면 안 되는 욕으로 여기는 말이야. 씹은 '씨가 들어가는 입'이라고 할 수도 있어. 상스러운 말이 아닌데 상스러운 말이라고 해.

먹물들이 우리말을 한자로 제대로 옮긴 것도 아니야. 흑석동黑石洞, 현석동玄石洞을 봐. 한강 물이 감고 도는 곳인 '감은돌이'를 제대로 모르는 먹물들이 검을(감을) 흑黑, 돌 석石 자를 써서 '흑석동'이라고 제멋대로 이름을 붙여놓았어. '검은돌이'가 한강 아래쪽에 또 있다고 밝혀지니까 이번에는 검을 현玄, 돌 석石 자를 써서 '현석동'으로 바꾸어놓았다고. 감고 도는 곳이 검은 돌이 있는 마을이 되어버린 거야.

이런 엉터리없는 남의 나라 말들로 우리말을 바꿔치기하기를 일삼은 게 힘센 놈들이고 또 그런 놈들에게 빌붙은 먹물들, 그러니까 왕조 시대의 선비나 요즈음 대학교수 나부랭이들이야. 이 사람들에게 우리말로만 이야기를 주고받으라고 해봐. 금방 입을 다물게 된다고. 이 먹물들은 뭐가 우리말이고 뭐가 우리말이 아닌지도 잘 몰라.

우리말이 어떻게 해서 이 지경에 이르게 되었을까? 우리말만 그런 게 아니고 다른 여러 나라 말들도 우리와 비슷한 과정을 겪었다고 봐. 지금도 그러고 있고.

***

우선 사람이 하는 말은 어느 곳에서나 아이 말에서 어른 말로 바뀌어. 아이들이 맨 먼저 입 밖에 내는 소리는 입술소리지. 아이가 태어나서 돌 무렵이 되면, 옹알이를 하던 애가 어느 순간 또렷한 소리를 입 밖에 내. 'ㅁ+ㅏ'라고 들려. 애 입에서 나오는 또렷한 이 첫 소리를 듣고 엄마는 좋아서 펄쩍 뛰어. 자기를 가리키는 줄 알고 귀가 번쩍 뜨였을 거야.

"이 애가 나를 불렀어. 이제 이 애가 나를 알아본 거야. 그래, 그래,

아가야. 내가 '마'야."

아이는 그저 입을 열었을 뿐인데, 아랫입술과 윗입술이 열려 그 사이로 입 밖으로 내기 가장 쉬운 입술소리가 빠져나갔을 뿐인데, 안아주고 업어주고 젖 먹이고 기저귀 갈고 입 맞추고 눈 맞추고 볼 쓰다듬고 둥개둥개 얼러주던 사람이 갑자기 눈이 화등잔만 해지고 입이 귀에 걸리도록 하얀 이를 드러내면서 기쁨에 젖어 어쩔 줄 몰라 하면서 꼭 안아주니까 아이로서는 이 뜻밖의 반응이 좋을 수밖에. 그래서 '마'라는 말을 입에 달게 돼.

어느 날 젖먹이 아이는 '마'보다는 조금 어렵지만 그래도 가장 쉬운 소리인 '바'를 입 밖에 내. 그러면 '마' 옆에서 얼쩡거리던 낯익은 이가 '마'와 마찬가지 반응을 보이지.

"이 녀석이 이제 나도 알아보네. 그래, 내가 아빠야. 아이고, 이 귀여운 것."

아이로서는 어쩌다 '마'와 '바'라는 외마디 소리를 질렀을 뿐인데, 자기를 돌봐주는 가까운 사람이 이렇게 호들갑을 떨면서 기쁨을 드러내고 안아주고 얼러주니까 이거 나쁘지 않구나, 같은 소리를 자꾸 입 밖에 내야겠구나 생각하겠지. 그 소리는 되풀이되고 '마'는 엄마를, '바'는 아빠를 가리키는 말로 자리를 잡아. '마'와 '바'는 전 세계 공통어야. 엄마, 마마, 마망, 맘마……. 아빠, 파파, 바바……. 아이하고 가장 가까운 대상에서 말이 시작되고 또 다른 말들이 만들어지고 퍼져나간 거지.

아이가 저도 모르는 사이에 '무' 하면 엄마는 "얘가 이제 물도 알아봤어. 그래, 이 마시는 게 물이야. 엄마 젖도 물로 되어 있어. 네가 누는 오줌도 물이란다" 하고 자꾸 그 소리를 다시 내라고 부추겨. '부' 하면 아빠가 "이놈 이제 불도 알아보네. 그래, 그래. 이 호롱불도 불이고, 아궁이에서 타고 있는 장작불도 불이야. 그런데 조심해야 해. 불에 데면 아프니까 만지지는 마" 하고 뜨거운 반응을 보이지.

바라(바다), 밭, 물, 불……. 우리에게 가장 가까운 것들은 거의 입술소리거든. 물, 밥, 머리, 볼, 목, 팔, 발, 배, 몸, 맘, 밀, 보리, 벼……. 모두 발음하기 쉬우면서 사는 데 없어서는 안 되고 몰라서는 안 되는 것들을 가리키는 말이야. 이런 말들은 아이의 발음기관이 발달하면서 저절로 입 밖으로 터져 나오는 말들이지. 이 입술소리들, 소리 내기 쉬운 말들이 이가 돋아나고 혀의 움직임이 더 정교해지면서 조금씩 영글어 어른 말로 바뀌는 거야.

***

둘째, 쉬운 말에서 어려운 말로 바뀌어. 닿소리와 홀소리가 짝을 이루어 한 소리마디가 될 때 알아듣기 쉬운 말이 되지. 인류 초기의 말들은 모두 쉬운 말이었을 거야. 세나라시대의 우리말도 지배계급이 중국 글자를 들여오기 전까지는 닿소리와 홀소리가 짝을 지어 소리마디를 이루었다고 하지. 가라(강), 바라(바다), 가자미, 조기, 고기, 다리, 바지, 가히(개)…….

사람들이 어려운 말을 즐겨서 제 뜻으로 익혔으리라고 보지 않는
까닭은 어려운 말 가운데 우리에게 꼭 필요한 말이 드물기 때문이야.
물론 쉬운 말이 꼭 닿소리와 홀소리의 묶음으로만 이루어지지 않았다
는 보기는 많아. 어미, 아비, 아자미(아줌마), 아자비(아저씨) 같은 말들
이 좋은 보기야. 닿소리가 앞서지 않더라도 홀소리는 저 홀로 소리를
이룰 수 있어.

***

셋째, 고향 말에서 타향 말로 바뀌어. 마을 공동체에 자리 잡고 사
는 사람들은 특별한 일이 없으면 한 마을에서 태어나 거기서 자라서
늙고 죽으면 마을 뒷산에 묻혔어. 그런 사람들에게 고향을 떠난다는
것은 삶이 뿌리째 흔들리는 일이었다고. 허물이 크거나 크게 탈 잡히
지 않으면 여간해서는 마을 울타리를 벗어나지 않았어.

고향 말은 갓 태어나면서부터 귀가 어두운 늙은이가 될 때까지 귀
에 절은 말이요, 마을 사람 모두 말소리만 듣고도 그 말이 누구 입 밖
에서 나왔는지 알아맞힐 수 있는 말이야. 그런데 역사의 흐름에 따라
서 사람들이 고향을 떠나거나, 떠나지 않더라도 밖에서 온 사람들이
시켜서 타향 말을 익히게 되는 일이 벌어져. 대체로 자율적인 선택보
다는 타율적인 강제에 따르는 일이 많지.

***

　넷째, 나랏말에서 외국말로 바뀌지. 《언어의 종말Language in Danger》을 쓴 앤드류 달비Andrew Dalby라는 언어학자가 한 말을 귀담아들을 필요가 있어.

　그의 말에 따르면, BC 100년경 지중해 주변은 서로 다른 어족에 속하는 수많은 말을 사용하는 사람들로 북적대고 있었어. 지중해 주변 남유럽과 서남아시아에는 오늘날의 서아프리카나 멕시코에서만큼이나 다채로운 말의 꾸러미가 형성되어 있었는데, 600년쯤 지난 뒤인 AD 500년경, 지중해에서 여전히 모국어로 사용되던 거의 유일한 말인 그리스어와 라틴어를 빼고 지중해의 말 꾸러미는 모두 사라져버렸지.

　그리스어와 라틴어(고대 로마의 말)는 지배계급의 말이었잖아. 내 전공과목인 철학과 관련이 있어서 이 지배계급의 말, 문명세계의 말을 열심히 배웠단 말이지. 영어, 프랑스어, 독일어도.

　그리스어는 아테네를 중심으로 쓰이던 제국주의 말이지? 아테네가 지중해 연안에서 대제국으로 큰 힘을 휘두르며 지중해 언저리에서 저마다 다르게 쓰던 토박이말을 죽이면서 말을 하나로 바꾸어냈다고. 말을 통일하는 것은 지배권의 강화, 확산과 관련이 있거든. 힘센 나라의 힘센 사람들이 다스리는 여러 지역에서 같은 말을 써야 지배자의 법을 널리 퍼뜨릴 수 있고 따르게 할 수 있다고. 이를테면 옛 바빌론을 다스리던 때 쓰인 함무라비 법, 기원전 8세기에 만들어진 로마의 고대법에서 생겨난 로마법, 유럽 근대법의 기초라고 할 수 있는 나폴레옹 법 같은 게 주변 지역을 정복하면서 시골 구석구석까지 정복자의 말로 스며들었던 게 그런 거지.

이제 그런 정복자, 지배자의 말들이 공용어, 표준말로 정해지는 거야. 그 전에 법 없이도 살 수 있었던 마을 공동체가 점점 큰 단위, 국가로 통합되면서 좋든 싫든 표준말을 익힐 수밖에 없어. 그 뒤 표준말을 오래 쓰게 되면서 그 지역에서 쓰던 토박이말들이 사라지게 된단 말이지.

섬나라 탐라국의 말도 그렇게 사라졌잖아. 억양이라든지 말끝이라든지 뭍사람들은 알아들을 수 없는 말이 일부 남아 있기는 하지만, 표준말 교육이 강화되고 제주 토박이들도 제주도 말로 의사소통을 하지 않게 되면서 잊혔지.

이렇게 그리스어, 라틴어 같은 지배계급의 언어가 통치와 지배를 편리하게 하기 위해 표준어로 강제되면서 많은 다양한 말들이 사라져. 로마제국이 지배하던 지역에는 본디 60개쯤 서로 다른 말들이 있었는데 10개밖에 남지 않았다는 말도 있어.

호메로스의 〈일리아스〉와 〈오디세이〉가 음유시인들에 의해서 읊어졌을 때가 그리스어의 전성기였던 것처럼 베르길리우스(BC 70~BC 19), 호라티우스(BC 65~BC 8) 같은 사람이 시를 썼던 때가 라틴어의 가장 전성기였거든. 초기 시인들은 대단히 풍요로운 토속말과 농민들이 들판에서 일하면서 쓰던 말들을 그대로 받아들여 위대한 시를 썼다고. 말의 수는 엄청나게 가지를 치고, 사물을 일반화한 말이 아니라 구체로 이것저것을 나타내는 말이 많았어.

나중에 로마제국이 기독교를 공식 인정하고 기독교가 널리 퍼지면서 교부(敎父. 고대 교회의 교리 해설자)들은 로마 가톨릭이 공식어로 삼은 라틴어로 기독교 교리를 바꾸지. 라틴어 전에는 그리스어, 그리스어 전에는 히브리어를 썼어. 그러면서 낱말 수가 크게 줄어들어버려. 기독교가 점점 더 서구사회의 중심이 되면서 여기에서 쓰이는 낱말들이 추상화되고 단순화되어버리지.

학자들도 라틴어로 학술 논문을 쓰기 시작해. 스피노자(Baruch Spinoza, 1632~1677)도 뉴턴(Sir Isaac Newton, 1642~1727)도 라틴어로 논문을 썼어. 스피노자가 라틴어로 쓴 《에티카Ethica》(1675)를 내가 라틴어를 깊이 파고들기 전 초보 단계에서 학부 시절에 읽을 수 있었는데, 그 정도로 라틴어가 단순화된 거야.

말이 표준화되면 한편으로는 쉬워지지만 말은 퇴화가 돼. 구체 말은 저마다 달라서 표준화하는 데 문제가 생기니까 단순화될 수밖에 없어. 단순해진다는 게 뭐냐? 구체적인 내용은 빠지고 추상화된다는 말이야. 추상화되어야 여러 사람과 소통을 할 수 있어. 추상화되지 않고 구체성을 그대로 가지고 있으면 구체적인 것을 직접 접한 사람만 알아듣지. 말하자면 전 세계적으로 통용할 수 있는 말이 되기가 힘들어. 그러니까 표준말은 고도로 추상화되고 단순화된 말이어야 하지.

그러면 어떻게 되느냐? 내용이 점점 비어가. 구체적인 삶의 문제와 동떨어진 말로 바뀌는 거야. 표준말을 쓰는 사람들이 처음에 만났을 때 주고받는 말을 떠올려봐. '안녕하세요?', '어떻게 지내세요?', '요즘 사업 잘 되나요?'⋯⋯. 이런 식으로 그냥 겉도는 말들로 의사소통 체계가 다시 짜이게 된단 말이지.

사람은 혼자서 살 수 없고 부족한 물질 자원이나 정신 자원을 서로 나누어 쓰기 위해, 구체적인 삶의 문제를 해결해가기 위해 떼를 지어서 살 수밖에 없는 존재잖아. 겉도는 말로 의사소통을 하면 사람의 관계도 그렇게 바뀌어버리고 말아. 말은 오순도순 모여 사는 데 가장 필요한 거야. 말로 정보를 주고받을 수도 있지만, 정보를 주고받는 기능보다 가까이 사귀는 기능이 먼저지. 시골에서 말을 주고받는 걸 귀담아 듣다 보면 우스갯소리, 실없는 농담 따 먹기 같은 게 대부분이거든. 뭔가를 배우거나 가르칠 때도 말로 하지 않아. 대대로 어른들이 하는 걸 지켜보고 따라서 하는 거야.

이런데도 도량형을 통일했듯이 영어라든가 에스페란토어로 세계어를 만들 필요가 있다고 하는 사람들이 있는데, 길게 봐서 세계 공용어가 인류의 삶에 얼마나 도움이 될지 모르겠어. 다양한 말의 쓰임에 등 돌리면서까지 획일화하는 게 무슨 도움이 될까?

***

다섯째, 입말에서 글말로 바뀌어. 입말은 옛날부터 우리 땅에서 움터서 자라고 서로 주고받는 말을 그대로 옮긴 거지. 입말은 귀담아 들을 때 또렷하게 들어와. 글말은 법조문을 생각하면 돼. 시각을 통해서만 이해할 수 있지.

글말이 글을 고스란히 말로 옮겨놓았다고 볼 수밖에 없는 것이라면, 글 가운데서도 말을 그대로 옮겨놓은 말글이 있어. 말글이 따로 있고 글말이 따로 있다고 하면 어리둥절할 수 있어. 글말과 말글이 어떻게 다르냐 하는 문제는 여러 가지로 살펴볼 수 있지.

글말은 검사가 논고를 하거나 변호사가 변호를 하거나 판사가 판결을 내릴 때 쓰는 말을 귀담아들어보면 알 수 있어. 그 말은 온전히 주고받는 말이 아니야. 눈으로 보고 입으로 읽어서 말을 하는 것 같지만 말이 아니라고. 글이야. 말은 주고받는 것이지만 글은 일방적이잖아. 상대방에게 주입하는 거야.

희곡도 그렇지. 희곡은 대화체로 쓰여 있기 때문에 말글로 되어 있다고 생각하기 쉬워. 그런데 그게 정말 말글이냐? 아니지, 글말이지. 무대 위에서 배우들은 대화를 주고받아. 그 대화가 희곡으로 쓰여 있고, 그것을 관객에게 들려주는 거야. 하지만 관객하고 대화하는 건 아니지. 그래서 말글이 아니라 글말이라는 거야. 관객과 대화하는 게 아니라 쓰인 글을 외워서 말하는 거라고. 무대 위 배우들이 아무리 '감정 이입Einfühlung'을 하고, '거리 두기(낯설게 하기, Entfrendung)'를 하면서 관객에게 말을 걸어도 일상에서 주고받는 대화와는 다르거든. 관객과 말을 주고받는 게 아니라 관객을 구경꾼으로 무대 밖에 두는 거라고.

말글은 글의 형태를 띠고 있지만 말에서 출발했다는 도드라진 특성이 있어. 이를테면 이문구 선생(1941~2003)의 《관촌수필》(1977)이나 《우리동네》(1981) 같은 책을 봐. 거기 쓰인 이문구 선생의 글이 말글의 대표적인 예라고 할 수 있어. 《관촌수필》은 어릴 때의 기억을 더듬어서 쓴 것이고, 《우리동네》는 글을 쓰려고 시골에 들어가서 살면서 동네 사람들의 말을 옮겨놓은 거라고. 동네 사람들하고 막걸리 마시면서 주고받은 이야기를 고스란히 글로 옮긴 거야.

속담이나 관용구, 의성어나 의태어가 글 속에 많이 들어 있다면 글의 뿌리가 말에 있는 거야. 하려는 말에 곁들이거나 이런 말 저런 말 길게 늘여서 이야기하지 않고 한마디로 경제적으로 말할 때 이런 것들을 쓰잖아. "될성부른 나무 떡잎부터 알아본다고, 그놈이 결국은 해낼 줄 알았지." 이런 식으로. 또 옛날부터 있었던 교훈을 주는 말들을 이리 섞고 저리 섞어서 입담 있게 말을 이어가기도 해. 그리스 건국이나 트로이 전쟁이나 오디세이가 겪었던 방랑의 여정 같은 것을 신나게 들려주고, 사이사이 노래를 곁들여 전하다가 완결된 글로 기록한 〈일리아스〉나 〈오디세이〉를 보면 속담, 관용어, 의성어, 의태어 이런 것들로 누벼져 있어. 이런 걸 군말이라고도 하고 클리셰라고도 하지.

그러니까 귀로 들리는 소리를 붙잡아서 글로 옮겨놓은 것이 말글이고, 그렇지 않고 글로 쓰인 걸 소리로 옮긴 것을 글말이라고 할 수 있어. 간단하게 생각해. 그림으로 그려진 것을 소리로 바꾸느냐, 소리로 들리는 것을 그림으로 바꾸느냐. 그래서 듣기와 읽기, 말하기와 쓰기,

이것이 어떻게 서로 다른지 먼저 생각해야 해.

먼저 듣기와 읽기는 어떻게 다른가? 소리를 듣는 거하고 눈으로 꼴을 보는 거하고 무슨 차이가 있는가? 더 단순하게, 소리 듣기와 꼴 보기, 또는 소리 듣기와 그림 보기가 어떻게 다른가? 그 일을 맡아서 하는 감각기관이 다르지? 귀로 듣고 눈으로 봐. 그게 가장 기초야.

그러면 귀가 맡은 일과 눈이 맡은 일이 어떻게 다른가? 사람은 보는 능력보다 듣는 능력이 먼저 발달해. 귀가 먼저 열린다고. 지금 내가 말하는 것을 어떻게 알아들어? 소리를 들어서 알아듣지? 그런데 맨 나중의 소리를 들을 때 처음 소리가 남아 있어? 안 남아 있지? 왜 안 남아 있어? 시간과 관련이 있어. 순간순간 다음 소리가 날 때 첫 소리는 없어지거든. 하지만 우리 안에서는 붙잡히지. 살아 있는 우리 머리통이 기억을 한다고. 기억으로 소리를 붙들어. 그런데 시간 속에서 소리는 처음과 끝이 있단 말이지. 앞 소리는 끊임없이 사라지면서 뒤 소리가 뒤를 이어. 시간 속에서 뜻이 있는 말로 아퀴가 지어진단 말이야.

눈으로 보는 그림이나 글은 어때? 그렇지. 시간의 영향을 받지 않아. 그림이나 글은 우리 기억을 밖에다가 붙들어두는 역할을 하지. 기계장치를 써서 녹음을 하지 않는 한, 소리는 밖에다가 붙들어둘 수 없어. 사람의 말이나 자연의 소리, 삼라만상의 소리 다 마찬가지야. 기계장치가 아니면 붙들어둘 수가 없다고. 그러니 우리 기억을 담은 그림이나 글이 얼마나 많겠어. 그리고 쓰지 않고 머릿속에다 담아두려면 돌아버릴 거야.

간추리자면, 소리는 귀로 듣고, 글은 눈으로 본다. 그리고 글은 공간 속에 있고, 소리는 시간 속에서 나타났다가 사라진다. 청각으로는 말소리를 받아들여 그 뜻을 알고, 시각으로는 글꼴을 받아들여 그 뜻을 안다. 글이 어떤 뜻을 지니고 있는가는 꼴을 보고 안단 말이지. 얼굴 보고 꼴이라고 하면서 관상을 보잖아. 이런 꼴이면 이런 사람, 저런 꼴이면 저런 사람 하고. 글꼴도 마찬가지로 이런 글꼴로 쓰여 있으면 이렇게 읽어야 한다는 약속에 따라서 읽어내. 말하기와 쓰기도 마찬가지야. 말은 소리로 나타내고, 쓰기는 글꼴로 나타내.

다시 말해 귀로 들리는 소리를 붙잡아서 글꼴로 옮겨놓은 것이 말글, 글꼴로 쓰인 걸 소리로 옮긴 것은 글말.

말소리와 글꼴은 쓰임새가 전혀 다르다. 그러니 말글이 있을 수 있고 글말이 있을 수 있다. 그래서 언어言語라는 말은 함부로 쓰지 말아야 한다. 말소리言를 가리키는지, 글꼴語을 가리키는지 알 수가 없기 때문이다.

우리나라에서도 말글의 전통이 죽 이어져왔어. 판소리 춘향가가 《열녀 춘향 수절가》 완판본이나 경판본 등으로 글로 바뀌고,《장화홍련전》,《홍길동전》 같은 언문 소설이 많이 나온 시절에 여기저기 다니면서 이야기책을 일삼아 읽어주는 사람이 있었어. 전기수傳奇叟라고. 전기수가 이야기책을 읽어주면 사람들이 정신 못 차리고 빠져들었지. 한양 땅에 전기수가 꽤 많았다고 해. 그래서 필사본이 많이 생기고, 필사하면서 재밌는 이야기가 있으면 슬쩍 사이에 끼워 넣기도 하고 그랬지. 그때까지 우리나라 사람들은 말글의 전통을 따라 '이야기'를 들은 거야. 소설 읽기가 아니라 이야기 듣기였어.

그런데 최남선이 일본에서 전통 시문학을 새롭게 하는 신체시新體詩를 들여오고, 이인직(1862~1916) 같은 사람들이 일본에서 공부하고 와서 일본이 서양에서 받아들인 서양 문학 전통을 우리나라에 옮겨 심었어. 그 뒤로 귀로 듣는 말글에서 눈으로 보는 글말로 바뀌기 시작한 거야. 이야기를 듣는 게 아니라 이야기를 글로 쓴 것을 보는 것으로 달라지면서 소통은 끝나. 말은 서로 주고받는 거니까 소통이 되는 건데 글은 일방적이잖아. 글 쓴 사람이 혼자 말한 것을 읽는 사람도 혼자 눈으로 훑고 있어. 그러니 이야기를 직접 서로 주고받는 관계는 끝나는 거지.

***

지금 우리가 하는 말을 다시 봐. 어른 말, 어려운 말, 타향 말, 외국 말로 말길이 바뀌면서 글말이 주인이 되어버렸지. 그런 말로 우리는 정보를 얻고 생각하고 뜻을 주고받고 있어.

도시화로 바뀐 말들

우리말이 바뀌고 사라지게 된 원인이 또 있어. 도시화. 농경 공동체에서 문화가 시작되고, 도시가 생기면서 문명이 시작되지. 도시화와 문명화는 쌍둥이야.

문화와 문명이라는 말은 서양 말을 일본식 한자로 옮긴 거야. '컬처culture'라는 말을 '문화文化'로 맨 처음 옮긴 사람들은 일본 학자들이었어. 학문, 문화, 예술 등을 뜻하는 문 자를 써서. 우리는 그것을 그대로 들여와 쓰고 있지.

일본의 학자들은 '필로소피philosophy'를 일본식 한자로 '철학哲學'이라고 옮기기도 했어. '필로소피'의 뿌리인 고대 그리스어 '필로소

피아'에서 '필로'는 좋아한다, 사랑한다는 말이고, '소피아'는 앎, 지혜, 지식을 나타내는 말이야. 그래서 철학을 중국 사람들은 처음에는 '애지학愛智學'이라고 했다고. 애지학에서 지를 지혜로울 지智 자로 쓰기도 하고 알 지知 자로 쓰기도 했지. 그것을 나중에 밝다, 알다, 분명히 하다는 뜻이 담긴 '철哲'자를 써서 철학이라고 했고, 그것이 학문 용어로 굳어져버렸어.

일본에서 번역한 '문화'라는 말은 뒤늦게 중국에 수입돼. 동아시아에서 일본이 먼저 서양 문물을 받아들였는데, 중국에서도 새로운 문물을 익히려는 사람들이 일본으로 유학을 갔잖아?《아큐정전阿Q正傳》,《광인일기狂人日記》 같은 소설을 쓴 루쉰(魯迅, 1881~1936) 같은 사람도 의학 공부를 하러 일본으로 갔어. 나중에 중국에 필요한 것은 몸을 고치는 기술이 아니라 의식을 바꾸어내는 것이라 여겨 공부 방향을 글쓰기로 바꾸지만. 중국 사람들이 일본에서 공부해 자신의 나라로 돌아가면서 중국에서도 우리와 마찬가지로 적지 않은 일본말, 일본식 한자가 뿌리를 내려.

문명은 영어로 '시빌리제이션civilization'이라고 그러지. 이 말이 어디에서 나왔냐 하면, 라틴어 '시(키)비스civis'에서 나왔어. 시민이라는 말이야. 그리고 라틴어 '시(키)빌리스civilis'는 시민답다는 뜻을 지닌 그림씨고, 여기다가 '-ation'을 붙여 이름씨(명사)로 만들면서 도시, 도시인, 도시인다운 삶의 형태를 나타내는데, 이것을 일본 학자들이 '문명文明'이라고 옮긴 거지.

***

　도시화로 가장 크게 바뀐 것이 시간과 공간이야. 농사짓는 사람이나 뱃사람, 이런 사람들은 자연 속에서 살면서 자연이 틀 지어주는 삶을 받아들여. 봄에는 씨 뿌리고 가을에는 거두고, 바람 불면 바람길 따라 배를 타고 바다로 나가고……. 자연 속에서 자연과 함께 살아가는 이치를, 또는 자연에 기대서 살면서 삶의 의미를 몸으로 깨우쳐. 그래서 어느 곳, 어느 때라는 특정한 삶의 조건이 굉장히 중요했어. 그런데 도시화가 되면서 자연과 연관된 특정한 시간과 공간 개념이 무너져버려. 다 사라져버려.

　자연 속에서는 텅 빈 시간이 하나도 없어. 그런데 도시 사람들에게 시간은 텅 빈 거야. 애초에 생명의 시간이 있었는데, 다른 생명체들은 자연의 시간에 따라서 살지만 도시화가 되면서 사람은 자기만의 시간을 만들어. 하루를 24시간으로 나누는데, 이것은 완전히 인위적인 시간이거든.

　해 뜨는 시간, 해 지는 시간, 달 뜨는 시간, 달 지는 시간, 봄에 해 뜨는 시간, 여름에 해 뜨는 시간, 가을에 해 뜨는 시간, 겨울에 해 뜨는 시간……. 자연의 시간은 모든 순간 다 달라. 제각기 다른 알맹이로 꽉 차 있다고. 그 어느 하나를 사람 마음대로 잘라낼 수 없어. 시간도 그렇고 공간도 그렇고. 그런데 사람만으로 이루어진 도시에서는 저마다 다른 시간의 알맹이들이 몽땅 빠져버려.

사람만으로 이루어진 공동체에서는 머리를 쓰는 사람들이 가장 힘이 세. 이 사람들이 시간에서 알맹이를 빼버려. 시간에서 질을 다 빼버리고 텅 빈 시간을 만들어. 그러면 하루를 24시간으로 쪼갤 수도 있고, 1시간을 60분으로 쪼갤 수도 있고, 1분을 60초 단위로 쪼갤 수 있고 그 아래 단위로도 쪼갤 수 있어. 공간도 마찬가지로 텅 빈 공간으로 바꾸지.

우리는 자연의 시간과 사람의 시간이 어떻게 갈라졌는지, 사람의 시간이 자연의 시간과 다시 통합되지 않으면 어떤 문제가 생기는지 잊지 말아야 해.

참, 짬, 틈, 겨를, 제, 께, 끼, 사이…… 같은 말이 모두 시간을 나타내는 말이었는데, 어떤 말은 공간을 나타내는 말로 바뀌고, 어떤 것은 잊혀서 그 빈자리를 시, 분, 초 같은 숫자로 메꾸었어. 자연이 빠진 문명의 세계에서는 사람이 중심이 되어 무슨 짓이든지 할 수 있다는 자신감이 싹트고 자라는 거야. 그리스 사람들이 늘 경계하라고 외친 오만, 히브리스hybris가 도시 사회 전체를 지배하게 되지.

***

도시화로 바뀐 게 또 있어. 공동체 중심에서 개인 중심으로 바뀌어. 그래서 '우리'라는 말 대신 '나'라는 말을 많이 쓰게 되지. 요즈음은 '우리 엄마'라고 하지 않고 '저의 엄마'라고 하는 애들이 늘어난다고 하잖아?

고대 그리스에서도 '나'라는 주어를 안 썼어. '에고($\dot{\epsilon}\gamma\dot{\omega}$)'라는 말이 주어로 있는데 안 쓰고 움직씨(동사)를 1인칭 단수로 썼어. 라틴어도 마찬가지야. 프랑스 철학자 데카르트(René Descarte, 1596~1650)가 한 말 가운데 '코기토 에르고 숨cogito ergo sum'이라는 유명한 말이 있는데, 여기서도 '나'라는 말은 1인칭 단수 움직씨 뒤에 숨어 있지 앞으로 드러나지는 않아. '(나는) 생각한다. 그러므로 (나는) 존재한다.' 이런 뜻이지.

그럼에도 그 사람들은 우리보다 훨씬 더 개별화된 측면이 있어. 움직씨를 봐도 1인칭, 2인칭, 3인칭으로 나뉘잖아.

그리스는 일찍부터 도시화돼. 아테네는 주변에 있는 섬나라를 침략하고 델로스 동맹으로 엄청나게 많은 식민지를 거느리고 폭력적으로 다스렸다고 해. 델로스 동맹을 맺은 뒤에 제국주의 아테네 말을 듣지 않는다고 섬나라 주민을 몰살시켜버린 일도 있다고. 얼굴이 흰 사람들이 아메리카 대륙에 가서 얼굴이 붉은 사람들을 깡그리 죽여버린 거나 같아.

우리가 우리를 되살려야 해. 공동체를 본디 모습으로 되찾아야 해. 같이 살아야 해. 혼자서는 살 수가 없으니까. 사람 공동체뿐 아니라 생명 공동체가 다시 제 모습을 되찾게 해야 말버릇이 고쳐진다고. 그렇지 않고 지금처럼 이렇게 원자화되고 파편화되면 아무리 안 그러려고 해도 의식 속에는 나밖에 없어.

‘우리’에는 ‘울타리’라는 뜻도 있지? 사람들이 옹기종기 모여 사는 집터들이 한 마을의 울타리를 두르기도 하고, 서로 주고받는 말이 우리를 이루기도 해. 나만 혼자 살 수 없으니까 서로 도움을 주고받으려면 말을 익히고, 이 말이 사이에 들어 너와 내가 우리로 뭉치게 하는 거야. 우리가 없으면 나도 없어.

마을에 함께 사는 아이들에게는 나와 한솥밥을 먹는 엄마 아빠만 우리 엄마 아빠가 아니라 한마을에 사는 모든 엄마 아빠가 이래저래 우리 엄마 아빠 노릇을 함께 하기 때문에, 크게 보아 모두 우리 엄마 아빠야. 그래서 좀처럼 나라는 말을 내세우지 않아. 좋은 일은 모두 우리 일이야. 다만 자기가 잘못해서 탈이 생길 때는 ‘내 탓’으로, ‘제 허물’로 돌려서 다른 이들에게 누를 끼치지 않으려고 애썼지. 그래서 마을 공동체, 생명 공동체 안에서는 히브리스(오만)가 자리 잡을 틈새가 없어.

그럼에도 살아 숨 쉬는 우리말

옛날이야기 한마디 할게. '옛날'이 어디에서 나온 말인지 잘 알지? 옛날이야기 첫머리가 흔히 '옛날 옛적에, 갓날 갓적에'로 시작되는 걸 들어본 적이 있을 거야. 우리말 가운데 지금은 안 쓰지만 '예다'는 말이 있었어. '가다'는 말과 거의 같은 뜻이야. 그러니까 '옛날'이나 '갓날'이나 다 같이 지난날이라는 뜻이지.

그 '옛날', '갓날'에 죽살이(죽고 삶)가 한 마을에서 이루어지고, 그곳이 살림터이자 온누리이기도 했던, 그리고 앞에는 내가 흐르고 뒤에는 뫼(모로, 마라, 머리, 마루)가 솟은 땅(다, 따, 다라, 달), 가라(가람, 강, 개, 가야)에서 멱 감고 고기 잡고, 오라(오름, 묏등, 멀)에서 노루를 몰고

땔감을 얻던, 소나무(솟은낡) 촘촘하던 그 마을에서 태어나고 자라서 뒤 바라(벌)에 묻히던, 그 물 맑고, 볕바른, 바람(담벽)이 바람을 막아주는 울 안에서 살던 '한어미' '한아비'들이 우리에게 '몸'과 '맘'을, 입과 배와 밑(똥구멍)과, 이 몸뚱이를 일컫는 '말'들을 남겨주었어.

그런데 몸 쓰고 손발 놀려 삶터를 일구어놓은 뒤에 언젯적부터 밖에서 낫과 호미와 괭이 아닌 칼(가라→갈→칼)과 활(바라→하라→할→활)을 든 사람들이 나타났지. 스스로를 '누리(유리 이사금)'라고 일컫기도 하고, '박의 가시(박혁거세)'로 내세우기도 하고, '가마귀[검아기(하늘의 아들), 김알지]'라고 으스대기도 하는 우두머리가 앞장서고, 그의 떼거리들이 그 뒤를 따랐어. 이 사람들 입에서는 알아들을 수 없는 말도 안 되는 소리들이 쏟아져 나왔겠지. 그리스말로 '야만인'을 '바르바로스barbaros'라고 하는데, '알아들을 수 없는 소리를 입 밖에 내는 놈'이라는 뜻이야.

마을에서 말을 주고받으면서 서로 도와 먹을 것, 입을 것, 잠자리를 마련해서 수십만 년에 걸쳐 핏줄을 이어왔던 이들이 죽고 죽이고, 빼앗고 빼앗기고, 짓밟고 짓밟히는 소용돌이에 휘말린 지는 얼마 되지 않았어. 사람 가운데 힘센 수컷들이 힘 있는 나라를 만들어 떼 지어 다니면서 힘없는 암컷들과 아이들이 사는 힘없는 마을을 들쑤시고, 불싸지르고, 먹을 것 입을 것 잠자리를 가로채고, 그 마을에서 아이들 입에서 움돋고 싹트고 꽃이 피어 열매 맺은 말까지도 짓뭉갠 드잡이질이 벌어진 것은 지난 5천 년 안쪽 일이라고. 문명화된 힘센 사람들이

들여온 더 힘센 말이 대대로 애써 가꾸고 지켜왔던 알아듣기 쉽고, 듣기 좋고, 자연과 가까운 우리말을 더럽혀왔고, 그 뒤로도 말이 아니라 글을 앞세우는, 머리만 키운 사람들이 여기저기 밖에서 끌어들인 온갖 되지 않은 말들이 우리 귀를 막고 눈멀게 만들었어.

옛날 우리나라 사람들은 바람을 뭐라고 했어? 바람은 불지? '부름'이라고 했다고. 바람은 '분다'에서 나온 거야. 입김을 분다, 나팔을 분다고 그러지?

목숨은 무슨 뜻일까? 목으로 들이쉬고 내쉬는 숨을 '목숨'이라고 그랬어. 바람이나 숨이나 같은 말이지. 고대 그리스 말로는 프네우마 pneuma. 풀과 나무와 사람이 어떤 사이라고? 목숨을 주고받는 사이지. 우리가 날숨을 쉬면 풀과 나무가 그것을 받아들여서(요즘은 이산화탄소라고 그러지?) 먹이로 삼고 그다음에 날숨을 내주어. 그 안에 산소가 있지. 그러니까 목숨을 주고받는 사이.

살아 있는 것들은 모두 어떻게 해서든지 서로 목숨을 나누어. 요즘 사람들은 불이라든지, 물이라든지, 바람, 숨, 이런 것들을 모두 물리현상으로만 생각하지. 죽은 것으로 생각한다고. 그런데 옛날 사람들은 안 그랬어. 우리나라뿐 아니라 고대 사람들은 몸에서 떠난 넋이 숨으로, 바람으로 남아 여기저기 흘러 다닌다고 생각을 했어.

우리말도 마찬가지지. 우리말은 죽은 게 아니야. 아직 살아 숨 쉬는 것이 남아 있어.

우리말을 되찾자고 하는 것은 맑은 핏줄을 지키자는 뜻에서 나온

게 아니야. 배달겨레, 단일민족 그런 거 아니거든. 어린아이들도 알아듣고 학교 못 간 노인네들도 알아들을 수 있는 말, 우리 삶에 꼭 필요한 정보를 주고받을 수 있고, 우스갯소리도 나눌 수 있는 쉬운 우리말을 찾아야 민주 세상에 가까워지지.

세 살배기도 까막눈 할매도
알아듣는 말을 버리고

낱낱의 사물이나 사람을 가려보기 위해 붙인 이름을 홀이름씨(고유명사)라고 하고, 낱낱의 사물을 끼리끼리 묶어 붙인 이름을 두루이름씨(보통명사)라고 하지? 홀이름씨는 구체적이고 두루이름씨는 추상적이야. 홀이름씨는 꼴있는이름씨(구체명사)이고 두루이름씨는 꼴없는이름씨(추상명사)라고 할 수 있어. 홀이름씨는 감각으로 확인할 수 있고, 두루이름씨는 생각으로 확인할 수 있어.

우리가 눈, 귀, 코, 입, 살갗을 통해서 만나는 물질과 생명의 세계는 모두 홀이름씨의 세계야. 이 홀이름씨의 세계에서는 물질과 생명의 이원적인 구별이 그렇게 명확하지 않아. 자갈 한 개, 보리 한 알 다 다르다고. 우리가 이것들을 헤아릴 필요가 있을 때, 우리 머리에 속셈이 있을 때 홀이름씨가 지닌 저마다 다른 특질은 빠지고 양화量化되지. 다시 말해서 고유한 질質이 빠지고, 등질적인 셈의 대상으로 바뀌어. 홀이름씨에서 두루이름씨로 바뀌는 거야. 고유함이 빠진 두루이름씨는 등질적인 것이 되면서 그 하나하나를 감각기관으로 만나면서 느꼈던 감각이 빠져. 느낌이 사라지는 거지.

우리 머리는 어떤 낱말에 느낌이 끼어드는 것을 싫어해. 느낌이 끼어들기 시작하면 제대로 머리 쓸 길이 사라지기 때문이지. 느낌이 제대로 온전하게 걸러지지 않고 머릿속을 휘젓고 다닐 때 우리 머리는 나빠지고, 어리석어지고, 때로는 과거와 현재와 미래가 뒤엉키기도 하고, 심하면 정신착란이나 분열에 이르기도 해. 머리가 세우려는 '질서'는 혼란에 빠지게 되지. 그래서 플라톤(BC 428?~BC 347?)이 이상 국가에서 시인을 추방하려고 했던 거야.

***

르네상스 시대 이탈리아의 화가 라파엘로(Sanzio Raffaello, 1483~1520)가 그린 〈아테네 학당〉이라는 그림이 있지. 그 그림에서 아리스토텔레스(BC 384~BC 322)는 한 손에 자연학이라는 뜻인 《피지카》라는 책을 들고 땅을 가리키고 있어. 아리스토텔레스는 사물이 움직이는 것은 제자리를 찾아가기 때문이라고 했어. 불길이 위로 올라가는 것도 제

자리인 위를 찾아가는 것이고, 돌멩이가 아래로 떨어지는 것도 제자리가 아래라서 그렇다는 거야. 내 스승인 박홍규 선생(1919~1994)이 이런 이야기를 했던 게 기억나는데, 이 세계를 공간으로 이해하려는 극한까지 간 사람은 아리스토텔레스고 시간으로 세상을 해석하려는 극한에 이른 사람은 베르그송(Henri Louis Bergson, 1859~1941)이라고.

〈아테네 학당〉에서 플라톤은 《티마이오스》라는 책을 들고 위를 가리키고 있어. 《티마이오스》는 플라톤의 수학적 상상력과 우주론이 담긴 책이지.

우리가 온(100)을 전체라고도 보듯이 고대 그리스 사람들은 10이 전체를 나타낸다고 봤는데, 이것은 피타고라스학파에서부터 시작한 거야.

끝이 하나 있는 것은 점이다.
끝이 둘이 있는 것은 선이다.
끝이 셋 있는 것은 면이고(삼각형)
끝이 넷 있는 것은 입체고(정사면체)
정사면체는 삼각형 4개가 뭉친 것.
그래서 이 우주는 점, 선, 면과 입체로 이루어져 있다.
이것이 우주 전체의 경우 수다.
1+2+3+4는 10.

이 10을 완전한 숫자 '테트락티스tetractys'라고 하고, 우주는 10으로 이루어졌다고 봤어.

플라톤에 의해서 종합되고 그 전부터 시작되었던 수학의 확실성에 대한 믿음이 오늘날 현대의 물질과학까지 지배하지. 일급 수학자나 물리학자들이 지금까지 《티마이오스》를 읽고 또 읽어. 플라톤에 따르면, 더 이상 나뉘지 않는 아원자 수준으로 물질을 분해하고 분석해서 입체로 이루어져 있다고 여겨지는 물질이 모두 삼각형이라는 2차원 평면으로 환원되면, 모든 물질의 결이 겉으로 드러나서 그것으로 우주를 재창조할 수 있다고 해. 그 뒤로 수학이 물리학에 얼마나 큰 보탬이 됐는지 알지?

어쨌거나 이렇게 완전한 수, 십진법으로 수 체계가 환원되는 일이 일어나는데, 십진법 체계라는 것이, 십진법으로 세계를 해석한다는 것이 사실은 굉장히 불완전해.

도량형을 십진법으로 최초로 통일한 나라가 프랑스인데, 백금과 이리듐으로 수축과 팽창이 불가능한 미터 원기原器와 킬로그램 원기를 만들었단 말이지. 이것이 길이와 질량의 단위가 된다고. 도량 단위가 십진법, 미터법으로 통일이 되었다는 건 전 세계에 걸쳐 일어난 엄청난 사건이야. 무슨 말이냐 하면 제국주의적인 수탈의 체계가 완비되었다는 것이지.

거기에 저항하는 도량형이 아직 남아 있기는 해. 영국에는 온스, 미국에는 야드. 우리나라에도 있지. 근이라든지 꾸러미라든지. 달걀 12

개가 한 꾸러미인데 한 꾸러미에 10개를 넣기도 하더라고. 도량형이 통일되면 무역을 하는 사람들에게는 거래하기 편하니까 돈 벌고 수탈하기 좋지.

하지만 자연에는 통일된 도량형처럼 등질적인 것이 없어. 감자도 요만한 거, 저만한 거, 이만큼 큰 거, 다 달라. 도시 사람들은 유기농 남새를 사면서도 등질적인 것을 좋아해. 크기와 모양이 고른 것만 원한다고. 그러다 보니 도시 사람들에게 팔 때는 크기와 모양이 고르지 않은 것들은 다 버려. 예전에는 콩알만 한 감자도 다 조려서 먹었지만, 지금은 다 버리지. 농민들도 질적인 차별이 없는 물건을 생산하려고 애쓴다는 거야. 그런데 공장에서는 질적으로 같은 것을 대량생산할 수 있지만 자연의 세계에서는 똑같은 게 하나도 없어.

수학의 역사를 보면 재미있는 이야기가 많은데 정사면체, 정육면체, 정십이면체, 정이십면체 다 그리스 시대에 수학자들이 머리로 빚어냈어. 미적분의 실마리를 마련한 것도 플라톤이야. 헤아릴 수 없이 작은 삼각형을 계속해서 적분하면 곡선의 근사값이 나온다고 했어. 완전한 곡선값은 아니지만 거의 완벽한 곡선이 나온다는 거야. 리미트limit의 개념도 이 시기에 나왔지. 겉과 속이 있는 입체를 평면으로 환원시킬 수 있다고 여긴 거야. 이 생각에 따르면, 감추어져 있던 결을 겉으로 다 드러내 보이면 우주의 비밀을 하나도 빠짐없이 알아챌 수 있다는 거야. 그런데 실제로는 아원자나 심지어는 파동의 수준에서도 겉이 있으면 속이 있어. 그리고 속은 겉으로 드러나지 않아. 이런 걸

미지의 세계라고 한다고.

플라톤 시대에 '분석'이라는 말이 나오지. '분석'이라는 영어 '어낼 러시스analysis'는 '아날뤼오analuo'라는 그리스어에서 나오는데, '(내가) 풀어 헤친다'라는 뜻이야. 이 말에는 두 가지 뜻이 있는데 하나는 분석, 또 하나는 분해야. 기계는 분해해도 다시 조립할 수가 있어. 그러나 생명체는 아무리 조금 칼을 대더라도 그만큼 기능이 훼손돼. 그래서 생명체는 이리저리 쪼개 보는 방법으로는 그 본질을 파악할 수 없는데, 이걸 라틴어로는 'individus(더 쪼갤 수 없는 것)', 한자어로는 '원 자原子'라고 하지. 영어의 '개체individual'라는 말은 이 라틴어에 뿌리를 두고 있어.

옛 그리스 사람들은 물질과 생명이 꼭 같은 원리에 바탕을 두고 있다고 생각했어. 에피쿠로스(BC 341~BC 270) 이전, 데모크리토스(BC 460?~BC 370?) 때부터 이런 생각은 있었어. 우주는 공간과 입자로 이루어져 있다는 거지. 가장 작은 입자는 '자유원자atom'라고 해. 고대 그리스어 '아토마atoma'에서 나왔지. '토마toma'는 쪼갠다는 움직씨 템네인temnein에서 나오는데, 아토마는 더 이상 쪼갤 수 없는 최소 단위라는 뜻이야.

그런데 이 더 이상 쪼갤 수 없는 최소 단위를 뭘로 규정하는가는 시대마다 학자마다 달라. 크기가 있으면 어떤 것이든 쪼개지고, 무한 분할이 가능해. 아무리 크기가 작아도 더 작게 쪼갤 수 있어. 그러니까 더 이상 쪼갤 수 없는 것은 크기가 없는 것이라고 봐야 하는데, 크기가 있으면서 더 쪼갤 수 없는 것이 있다고 본 사람들이 고대 원자론자들이야. 에피쿠로스학파에서 더 이상 쪼갤 수 없는 원자가 여기저기 날아다니면서 같이 뭉치기도 하고 흩어지기도 한다고 봤는데, 이걸 원자의 자유운동이라고 해. 여기에 제동을 건 사람이 뉴턴이야. 원자가 자유롭다니 말이 안 된다, 원자는 중력에서 자유롭지 않다고 제동을 걸어.

나는 수학에 관심이 많은데 빛나는 수학자들 많지. 오일러, 가우스, 칸토르, 괴델……. 근대 수학자나 물리학자 가운데 가장 큰 몫을 한 사람이 뉴턴이야. 양자역학量子力學이 나오기 전에 고전역학古典力學을 확립하지. 뉴턴은 관성의 법칙, 가속도의 법칙, 작용과 반작용의 법칙 등 운동의 법칙을 발견해. 말하자면 질이 완전히 다 빠져버린 양화量化된 세계를 구축해버린 거야.

관성의 법칙이라는 것은 뭐냐? 등질적인 평면에 구슬을 정지시켜 놓으면 그 구슬은 절대 움직이지 않아. 정지하지 않고, 한 번 운동하는 구슬은 멈출 수 없어. 운동과 정지를 완전히 분리시켜버린 거지. 하지만 자연의 세계에서는 운동과 정지가 완전히 나뉘지 않아. 그런데도 이 이론이 전 세계를 휩쓸게 되었어. 뒤에 양자역학으로 무너지게 되지만, 실제로는 오십 보 백 보야. 근대 물리학과 양자물리학은 오십 보 백 보라고.

* * *

　이렇게 머리가 빚어낸 문명의 세계, 생산은 없고 유통과 소비만 있
는 등질적인 공간의 세계에서는 모든 질이 다 **빠져나가**. 심지어 고유
한 질들이 뒤엉켜서 과거도 현재도 미래도 나눌 수 없는 하나의 점으
로 뭉쳐 응축되어 있는 세계를 도시 사회는 받아들일 수 없어. 하루가
24시간, 1440분, 86400초로 쪼개져 있는 곳에서는 수량화, 수치화, 통
계화로 그 안에 있는 모든 것에 값을 매기지. 모든 가치는 값으로 헤
아려져. 그리고 수치로 바꿀 수 있을수록 그 값은 믿음직한 것으로 여
겨지지.

　어른이나 아이나 문명세계인 도시에서 살다 보면 질적인 차이에 까
막눈이 되기 십상이야. 이를테면 우리가 여름철에 즐겨 먹는 참외나
수박은 도시 사람 눈과 혀에는 가게에 쌓여 있는 단물이 많이 들어 있
는 간식거리에 지나지 않아. 화약약품을 써서 같은 맛을 낸 음료나 크
게 다를 것이 없어. 그러나 그 수박이나 참외를 길러낸 사람과 그것을
곁에서 지켜본 시골 사람들에게는 자기가 먹고 있는 것이 홑이름씨의
세계에 속한 것이고, 그 수박과 참외가 씨앗에서 싹이 트고, 꽃피고,
벌과 나비가 날아들어 가루받이를 하고, 열매가 생겨 자라고 익어가
는 모든 과정을 지켜보았던 터라, 그 참외와 수박의 삶의 역사에서 그
맛이 우러난다는 것을 혀와 목과 오줌보로 확인하지.

　두루이름씨 같은 추상어와 관념어는 머리가 지배하는 세상에서, 그

세상의 질서를 관철시키기 위해서 먹물들이 머릿속에서 꾸며내는 지배 언어야. 부리는 말이라고. 그 속에 가끔 심술도 끼어 있지.

느낌을 주는 것은 홀이름씨의 영역인데, 도시에서 사는 사람들은 느낌을 떨친 낱말만 쓰도록 부추기고 우기는 측면이 있어. 도시의 삶에는 느낌이 끼어들 여지가 크지 않아. 등질화된 두루이름씨의 세계에서 살거든. 모든 게 비슷해. 느낌도, 생각도, 늘 마주치는 사물의 형태도. 그러니까 도시 사람들은 사이버 세계에서 살고 있다고.

시골 사람들은 두루이름씨를 쓰더라도 그 두루이름씨의 대상은 홀이름씨로 삶 속에 자리 잡고 있어. 말은 나무라고 하지만 소나무, 밤나무, 전나무 등 특정한 나무 하나하나를 보는 순간의 느낌까지 다 갖고 있는 거지. 그래서 완전히 추상화된 두루이름씨가 나올 길이 없어.

그와는 달리 도시 사람들은 구체성이 없는, 감각에 주어진 구체적인 데이터가 빠진, 하나하나 와 닿지 않은 채 느낌이 빠진 말의 세계에서 살아. 교과서에서 보았거나 책에만 나오는 말의 세계. 도시에서는 아이들 사이에 차이가 없어져버려. 똑같은 교과서를 외우고 있는데 어떻게 질적으로 다른 생각을 할 수 있겠어. 그러니까 아이들을 가출시켜야 해. 집 안에 있게 하지 말고 밖으로, 밝은 데로, 자연의 세계로 내보내야 해.

구체성이 없다는 것은 이오덕 선생 말씀대로 삶이 없다는 거지. 감각에 와 닿은 것이 없는데 어떻게 삶이 있어? 내가 몸 쓰고 내가 느끼면 몸에 있는 오관五官, 눈·귀·코·혀·살갗을 움직이기 때문에 하나

하나가 홑이름씨로 다가와 박히는 거야. 반대로, 그렇게 하지 않으면 감각이 무뎌질 수밖에 없어.

그런 말이 있지? 백문불여일견百聞不如一見이라고, 백 마디 말보다 하나의 사실이 중요하다. 구체적인 데이터가 있어야 한다는 거지. '데이터data'라는 말은 라틴어에서 왔어. 'datum'을 복수로 하면 'data'가 되는데, '주어진 것'이라는 뜻이야. 우리 머리가 아니라 눈·귀·코·혀·살갗의 오관으로 보고 듣고 냄새 맡고 맛보고 살갗에 댈 수 있는 구체적인 데이터가 주어져 있으면 거기에 대고 비교해볼 수 있는 사실이 있기 때문에 많은 말이 필요가 없어. 구체적으로 주어진 것이 없는 상태에서는 말이 많아지고 말은 많은데 쓸모 있는 말이 없어. 그러니 소통이 안 되고 결국 말다툼이 일어날 수밖에.

느끼는 말, 주고받는 말

나 같은 촌놈들은 두루이름씨, 꼴없는이름씨를 다루는 데 서툴러. 촌놈들이 입 밖에 소리로 드러내는 이런저런 말들은 모두 홀이름씨야. 그 말들이 가리키는 대상은 '우리 세상', '우리 우주'인 마을 공동체에서 구체적으로 경험한 감각 자료(구체적 데이터)들이지. '집'은 '누구네 집'이고, '당산나무'는 동구 밖에 있는 '느티나무'고.

이 촌놈들이 의무교육을 받으러 초등학교에 들어가면서부터 놀라운 일이 벌어져. 글을 익히는데, 국어 교과서에 나오는 '철수'와 '영희'는 우리 마을 아이들 이름이 아니야. 생김새도 하는 짓도 딴판이야. 교과서에 나오는 '영희'와 '철수'는 이 세상 어떤 현실 공간에도 없어. 글자가 가리키는 대상은 이미 감각의 영역을 벗어난 것이지. '철수'와 '영희'도 이미 '낱소리(음소)'로 이루는 것이 아닌 꼴이 더 앞서는 '형태소(形態素, morphem)'로 바뀌면서 홀이름씨의 특성을 잃어버려. 낱소리는 가장 작은 말소리의 단위고, 형태소는 뜻을 담은 가장 작은 말의 단위잖아.

학교에 가면서 우리는 말의 세계, 소리의 세계에서 글의 세계, 빛과 꼴의 세계로 들어가지. '낱소리'는 '형태소'에 종속이 되고, 홀이름씨의 세계는 두루이름씨의 세계로 강제로 편입돼. 또 입에서 귀로 이어지는, 주고받는 '마주 이야기(대화)'의 세계는 아이들은 귀만 열어야 하고 선생들은 입만 열어도 되는 일방 관계로 바뀌어. '글을 배워라', '글을 읽어라', '글을 써라'는 말은 '입 다물고 내 이야기만 들어라', '내가 한 말만 받아들여라'로 바꿔볼 수 있어. 어차피 추상화된 두루이름씨를 뒷받침하는 감각 자료는 없거나, 있다 해도 저마다 머릿속에 다른 지시 대상으로 있어서 상호 검증이 안 돼. 따라서 네 이야기 따로, 내 이야기 따로 놀 수밖에 없어. 누구 말이 옳고 그른가를 판가름할 검증 기준이 없는 상태에서 서로 '소통'이 안 되는 것은 당연하지.

글만 그런 게 아니야. 영화, 연극, 연속극, 개그 프로그램이 여는 사이버 공간이 소리와 감각 자료가 구비된 현실 공간으로 여겨지는 경우가 있어. 그러나 그것은 현실 공간이 아니지. 원작자가 있고, 연출자가 있고, 배우가 있고, 배경이 있고…… 처음부터 끝까지 꾸며진 것

(세트)이야. 이 사이버 공간에서 가상현실이 진행되면서 우리의 시청각을 자극하는 동안 우리는 입 다물고 귀와 눈만 열고, 우리 의식은 미디어가 우리에게 쏟아 붓는 온갖 사이비 감각 자료를 쓸어 담는 자루, 포대의 기능을 해.

문자 메시지, 블로그, 소셜 네트워크 서비스SNS도 마찬가지야. 시각 정보의 '형태소'를 매개로 한 전달은 겉보기에는 대화인 것처럼 보이지만, 감각의 뒷받침이 없는 소통이라는 점에서 공허하거나 맹목적이야. 결국 이 모든 것은 감각 운동 기관이 앞서서 문제를 해결하는 상호협조의 길을 여는 대신에 우리의 모든 감각 기관을 일방적인 수용 기관으로 바꾸는, 그래서 일방으로 전달되는 정보에 따라 움직이게 하는 통제와 억압의 길로 이끌어. 중심은 몸과 손발에서 머리로, 뇌로 옮겨 가고, 음식 맛은 두뇌의 맛 감별 부위가 앞장서는 '레시피'로 둔갑하는 것이지.

우리가 이 수렁에서 벗어나기는 쉽지 않아. 하지만 길이 없는 것은 아니야. 글쓰기에서 말하기로, 말하기에서 만나기로, 눈에서 귀로, 귀에서 몸으로 우리를 바꿔내면 돼.

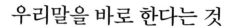

우리말을 바로 한다는 것

우리말을 바로 한다는 게 무슨 뜻일까? 말을 바로 하는 것과 글을 바로 쓰는 것을 같은 차원에서 봐야 할까, 전혀 다른 것일까? 우리 글보다는 우리말이 먼저라는 걸 잊어서는 안 돼. 우리말이 우리 글에 앞선다고.

말은 입에서 나와서 귀로 들어가는, 뜻을 담은 소리지. 말소리에는 뜻만 아니라 느낌도 담겨 있어.

재잘재잘 물이 흐르고,
쫑알쫑알 산새들이 울지.

깡충깡충 토끼가 뛰고,
머루 알이 조롱조롱 달려 있어.

얼룩 바지를 입은 새끼 멧돼지들이 옹기종기 모여
호비작호비작 흙을 파.

온갖 소리 흉내, 짓 흉내가 숲을 흔들고 바람에 말 씨앗을 날려.

'누리'는 '누르'고, '풀'은 '푸르'지.
'물'은 '맑'고, '불'은 '밝'고, '바람'은 '불'어.
'깔깔'은 웃음이 되고, '앙앙'은 울음이 되고,
억지로 '부리'는 '몸'은 '몸부림'이 돼.

이런 소리는 말로 영글고 글로 그려진다고. 느낌이 와 닿지 않는 말
은 말이 아니고, 그런 말을 글로 옮겨봤댔자 살아가는 데 도움이 되지
않아.
우리말을 바로 하려면 가장 먼저 우리말을 알아야 해. 그러려면 우
리말의 뿌리를 하나씩 캐면서 앎을 키워가는 것이 좋아. 우리말의 뿌
리를 캐다 보면 우리나라 사람들이 말에다 어떤 뜻을 담았는지, 어떤
생각을 담았는지, 어떤 느낌을 담았는지가 드러나. 그게 우리의 사상,
우리의 정서를 결정하는 중요한 실마리라고.

***

　예를 들면서 이야기해보면, 우선 마을은 어떻게 생겼겠느냐? 고구려 때는 미추홀, 무슨 홀 해서 마을을 '홀'이라고 했어. 홀에서 ㅎ이 목구멍소리지. ㅎ이나 ㄱ이나 목구멍소리야. 그래서 '홀'이 '골'로 바뀐다고. 밤골, 사잇골같이 골이라고 부르는 땅 이름이 많아. ㅎ에서 ㅅ으로 바뀌는 경우도 있어. 형을 성이라고 부르듯이 '마홀'을 '마솔'로 부르다가 이것이 '마술', '마실'로 바뀌기도 해. 지금도 '실'이 붙은 마을 이름이 많아. 내가 어릴 적에 살았던 데가 강거실인데, 지금도 실이 붙은 동네 이름이 많더라고.

　마을이라는 말은 '홀'이라고 할 수도 있고, '홀'에서 '골', '골'에서 '실'로 바뀌었을 수도 있어. '마실', '마술'이라고도 하고 나중엔 '마을'로 바뀌는데, 왜 마을이 아니라 마실이라고 했느냐? 우리나라 사람들은 홀소리 2개를 겹쳐 쓰는 걸 싫어했다고. '마을'에서 'ㅏ'하고 '으'가 이어지잖아. 그러면 발음이 또렷하지 않지. 그렇다고 해서 거듭홀소리(복모음)로 소리를 낼 수도 없고. 그래서 '마실'이라고 했다가 나중에 홀소리를 앞뒤로 겹쳐 내도 좋다는 생각이 들어서 '마을'이 되었을 거야.

　마실에서 '마'는 어디서 나오느냐? 이렇게 생각해볼 수 있어. 우리나라 사람들은 옛날부터 남향으로 집을 지었어. 남쪽을 '마'라고 하지? 남풍을 우리말로 하면 '마파람'. 그러니까 마실이라는 말은 남쪽을 향한 실(홀, 골)이다, 라고 생각할 수 있겠지. 집도 마을도 햇살이 잘 드는 남쪽에 자리 잡게 하는 게 우리 옛 전통이었으니까.

그다음 '머리'라는 말. 목 위에 있는 것을 '머리'라고 부르지? 머리는 몸에서 가장 위에 있잖아. '머리'에서 '우두머리'라는 말도 생겼어. 우두머리는 '두목頭目'이라는 말이잖아. 머리 두頭 자를 쓴다고. '마로'라는 벼슬 이름도 머리라는 말과 같아. 태종太宗, 세종世宗 등 왕의 이름에도 머리 종宗 자를 쓰지. '머리', '마로' 다 같은 말뿌리에서 나온단 말이지. '고갯마루'에서처럼 높은 곳을 '마루'라고 하잖아. 그것도 '머리', '마로'와 같은 말뿌리에서 나와.

'손'이라는 말은 여러 뜻이 있어. 몸의 한 부분인 '손'이라는 말도 있고, 일손이 모자라다 할 때도 '손'이라는 말을 써. '일손'은 일할 손이라고도 할 수도 있고, 일하는 사람 곧 손님이라고도 할 수도 있어.

마을 밖에서 들르는 사람을 '손님'이라고 하잖아? 이때의 손은 어디서 나왔고, 거기다 왜 '님' 자까지 붙여서 높일까? 손님은 한자로는 객客이지. 지나가는 나그네, 과객過客을 길손이라고 했거든. '길손'은 굉장히 오래전부터 쓰던 말이야.

세나라시대까지 거슬러 올라가는 '선仙'이라는 말이 있어. 국선도國仙徒 할 때 선. 사람 인亻 변에 뫼 산山 자를 썼지만 '선'은 우리 토박이 말이야. 수전水田이라고 하는 것을 물 수水 자 밑에 밭 전田 자를 붙여서 논 답畓이라고 하지. 이 말도 우리나라에서 만들어낸 말이거든. 중국에는 없는 말이야.

봉이 김선달 할 때 선달은 문무과에 급제하고 아직 벼슬을 하지 않은 사람을 가리키는데, 이를 높여서 선다님이라고 했거든. 나 어렸을 때 성에다가 '선'을 붙여서 이선, 박선, 김선 하고 상대방을 불렀던 것을 들은 적이 있어. 그때 선이 '길손' 할 때 '손'하고 한 말뿌리에서 나왔다고 할 수 있어.

그러면 우리 몸의 한 부분인 '손'하고 마을 밖에서 들어와 들르는 '손'은 어떤 연관 관계가 있을까? 이런 식으로 생각을 넓혀볼 수도 있고. 또 손윗사람, 손아래사람 이런 얘기 하잖아. 손手 위에 있는 사람, 손手 아래 있는 사람은 아니거든. 그때의 손은 뭘까? 이런 생각도 해볼 수 있지.

'발'이라는 말은 어디서 나왔을까? 세나라시대에 '발'은 뭐였을까? '바로'였을까, '바라'였을까?

'발'에서 '바로'라는 말이 나왔을 거고. '발로 서다'에서 '바로 서다'가 나왔을 수 있어. 뒷발로 서잖아. 그러면 몸이 똑바르게 되지. '바라보다'라는 말이 있잖아. '바라'하고 '보다'가 합해져서 만들어진 말이야. '버러', '바라'는 똑같이 사이가 뜬 것, 벌어진 것을 가리키는 말이고. '판을 벌이다'라고 하지? 그것을 가리킨단 말이지. 그리고 옛날에 '바다'도 '바라'라고 했어. 평평하게 널리 퍼진 것. 그래서 '바라본다'는 말은 '널리 본다'는 말이지.

우리가 무심히 듣고 넘긴 우리말들을 하나하나 캐보면 뜻이 깊다고 여겨지는 때가 많아. 이를테면 '보다'는 눈으로 읽는다는 뜻이잖아?

'살피다'는 자세히 본다는 뜻도 있고, 꼬치꼬치 캐고 알아본다는 말도 되지. '보다'와 '살피다'가 한데 모여서 '보살피다'가 되면 '돌보다'는 뜻이 돼. '보고 살피다'와 '보살피다'는 뜻이 아주 다르지.

우리 몸과 관련된 우리말을 몇 가지 더 보면, '팔'은 '발'에서 나왔어. 옛날에는 ㅍ 자 발음이 없었을 거고, 팔은 앞발이었으니까.

또 우리 몸에 '사타구니'라는 데가 있잖아. '샅'이라고도 하는데, '샅'은 갈라진 사이를 말해. '가랑이'는 갈라진 것이란 뜻인데, 이 가랑이 사이를 '사타구니'라고 불러. '샅'하고 '아구니'가 합해져서 '사타구니'가 됐을 수도 있고.

'젖'하고 '좆'하고 '곶'은 말뿌리가 같아. 셋 다 솟아오른 것을 가리켰다고. '젖'도 '좆'도 욕도 아니고 성적인 모독도 아니지? 자연현상을 있는 그대로 나타낸 말이니까. 높이 솟아서 평평한 곳을 '달'이라고 한다고 했지? 거기서 나중에 '들'도 나오고, 양달 응달 할 때 '달'도 나오고.

'눈썹'은 왜 눈썹이라고 했을까? 눈을 지켜주는 섶. 섶은 작은 나무. 베어서 울타리를 만들기도 해. 그러니 '눈을 두르는 섶나무처럼 생겨난 털'이라고 해서 '눈썹'이라고 할 수 있겠지. 속눈썹 바로 밑에 있는 '눈시울'은 왜 눈시울이 됐을까? 시울이라는 말이 또 있어. 약간 굽거나 휜 것의 언저리를 뜻하는 말이야. '눈시울', '입시울' 이래. '활시울'도 있지? '입술'을 옛날에는 '입시울'이라고 했어. 입 언저리.

언저리와 비슷한 말 중에 '가'라는 말이 있지? 물가, 갯가 할 때

'가'. '가'에서 '개'가 나왔을지도 몰라. 개가 널리 펼쳐진 곳을 '가라', 거기에서 '가야'가 나왔다고 할 수도 있지. 냇물이 있는 강가가 펼쳐진 곳을 '나라'라고 했을 수도 있어. 강가가 널리 펼쳐진 곳에 농사를 지을 만한 땅이 있고, 물이 많으니 논농사도 쉽게 지을 수 있으니까. 그런 데 나라가 세워졌기 때문에 자연스럽게 '나라'라는 이름이 생겨났을 수 있다고.

'선돌', '고인돌'이라는 말도 재미있지. 선돌이라는 것은 서 있는 돌. 서 있는 돌에다가 너럭바위를 얹어놓은 것을 고인돌이라고 해. 고인돌은 왜 고인돌일까? '곧다'라는 말이 뭐냐? 똑바로 서 있다는 말이지. '곧바로'라는 뜻도 있고, '올바르다'라는 뜻도 있어. '올'은 실오라기를 가리키지? 베 짤 때 세로줄을 '올'이라고 하고.

우리말 그림씨가 생겨나는 것도 재미있어. '이쁘다'는 '이와 같다'라고도 할 수 있어. '단순호치丹脣皓齒'라는 말이 있는데, 중국에서 미인을 고를 때 기준이었다고 해. 빨간 입술에 하얀 이. 또 '이쁘다'는 '입과 같다'라고도 할 수 있어. '입'은 우리에게는 굉장히 소중한 것이니까, '입이 잘생겼다'와 '이쁘다'가 같은 말이 되는 거지. '이쁘다'는 이가 튼튼하게 생겼다고 해석할 수도 있고.

'기쁘다'라는 말은 어떻게 나왔을까? 새집을 '깃'이라고 했는데, '깃'에서 '집'이라는 말이 나왔을 수 있어. 새가 사는 둥지를 깃이라고 했지. 새가 둥지에 앉는 걸 '깃들다'는 말로 나타냈어. 새의 깃은 사람에게 집이잖아. 자기 집이 있고 집에서 쉰다는 게 얼마나 좋은 일이야. 몸도 편하고 마음도 편안해지고. 엄마가 있고 아빠가 있고, 잘 수 있고 쉴 수 있는 곳이니까 얼마나 좋아. 그러니까 '기쁘다'라는 말은 '깃과 같다'는 말이 돼. '기쁘다' 하면 행복한 느낌이 든다, 이런 뜻으로만 생각을 하는데, 조금 더 깊이 파고들면 내 집에 있는 듯한 느낌이구나, 이렇게 볼 수 있단 말이지. 우리말 그림씨는 이렇게 구체적인 이름씨에서 끌려 나와.

글은 어디서 나왔느냐? '그리다'에서 나와. '그리'에서 'ㅣ'가 떨어져 나가서 '글'이 되었다고 볼 수 있지. '그시다'라고 할 수도 있고, '그시다'가 '그리다'보다 먼저 나왔을 수도 있어. '그시다'에서 '긋다'가 나오지. '글씨를 쓴다' 할 때 '글씨'는 '그시다'에서 나와서 '씨'가 붙는다고.

***

우리말은 작은 말 하나도 폭넓고 깊은 뜻을 지니고 있지. 구체적이고. 이렇게 기록에 기대고 상상력을 바탕 삼아 우리말 뿌리를 찾아가다 보면 우리말로 우리 세계를 만날 수 있어.

우리말은 인도-유럽어와 대비되는 우랄-알타이어?
헝가리말과도 비슷하고 핀란드말, 터키말과도 비슷하다?
우리말은 우랄 산맥을 넘어온 것도 아니고
알타이를 넘어온 것도 아니며,
어떤 말과도 닮지 않은 스스로 나고 자란 말이다.

3장

곱다는 높은 것, 밉다는 낮은 것이야

곱고 밉고 높고 낮고

고는 높은 데를 가리킨다. 곳도 마찬가지
미는 낮은 데를 가리킨다. 밑도 마찬가지

얼굴에서 오똑 솟은 고(코)
냄새나는 똥구멍 밑

코는 풀고 밑은 닦는다.

'브다', 'ㅂ다'는 같다, 닮았다, 다름이 없다를
나타내는 덧붙임 말.

곱다는 높은 것 같다.
밉다는 낮은 것 같다.

고와 보이려고 고를 더 높이 세운다.
콧대를 세운다.

콧대가 꺾이면 풀이 죽는다.

코가 납작해진다.

나쁘다라는 말은 낮은 데를 찾아서
자리 잡는다. 낮브다.

좋음을 나타내는 우리 옛말, '잇'
이대 이대 좋다 좋아.

니(이)가 흰쌀을 가리키는 옛 이름이라면
설날이나 먹을 수 있었던
하얀 니밥(이밥) 그렇게 맛있었을 수 없었을 테니
니(이)같이 좋아서 닛브다, 이쁘다라는 말 생겨났겠지.

높새바람 부는 날 바다에 배를 띄운 사내들
노는 해가 하늘 높이 솟는 곳.
그쪽으로 우리네 터를 잡는 곳.
그래서 높은 곳은 살기 좋은 곳.

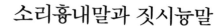

소리흉내말과 짓시늉말

6세기 초부터 한자가 이 땅에 뿌리를 내리기 시작했어. 그 전에는 우리말을 나타내는 표현 수단으로서만 쓰이던 것들이 이제 주인 행세를 하게 된 거지. 이사금尼師수을 왕王으로 쓰고 부르는 게 더 편하니까 왕으로 바꾼다든지 하는 식으로 한자말들이 뿌리를 내리기 시작하면서 우리말이 사라지기 시작해. 하지만 지금껏 온전히 살아남은 말이 있어. 소리흉내말(의성어)과 짓시늉말(의태어). 소리흉내말과 짓시늉말은 워낙 원시적인 말이라서 쉽게 없애버릴 수 없단 말이지. 사라지지 않았을 뿐만 아니라 다양하고 풍요롭게 발달해.

수천 년 동안 우리나라가 강대국의 언어 식민지가 된 적이 없어서 소리흉내말과 짓시늉말이 발달할 수 있기도 했어. 아일랜드 같은 경우에는 그 나라 고유의 말이 있지만 아일랜드 사람 대부분은 공용어인 영어를 써. 아일랜드는 800년 넘게 잉글랜드 식민지였잖아. 뼛속까지 민족주의자들인 토박이 아일랜드 사람 가운데 아직도 아일랜드 말을 쓰는 사람이 어쩌다 남아 있기도 하지만, 의식적으로 제 나라 옛말을 지키려고 하지 않는 사람들은 자기네 말이 있다는 것도 잘 몰라. 이야기로만 듣지. 800년 넘게 언어 식민지였던 결과지.

우리나라를 쳐들어온 힘센 사람들이 여진족도 있고 한족도 있고 몽골족도 있고 여럿인데 우리나라를 식민화하지 못했거나 안 했어. 왜 그랬을까? 얻을 게 없어서 안 했을 거야. 산지가 70퍼센트 이상인 나라니까 힘들었을 거야. 여진족, 한족, 몽골족 입장에서 보면 나라 자리도 한쪽으로 치우쳐 있어서 오래 말을 달려 와야 해서도 힘든데, 다른 데서는 넓은 벌판을 쏜살같이 달리던 말이 여기서는 험한 산과 골짜기를 오르락내리락하면서 헉헉거리기까지 하잖아. 여기서는 말 먹일 풀도 부족했을 거야. 식민화할 가치가 없었다고. 언어 식민화를 해서 자기네들 뒤통수만 치지 않게 놓아두면 그걸로 됐다고 판단하기도 했을 거야. 안 한 것이기도 하고 못한 것이기도 하지. 우리말이 그렇게 해서 살아남고 이어져왔다고 생각할 수 있어.

그리고 훈민정음이 만들어졌잖아. 말소리로만 대를 이어왔다면, 훈민정음이 창제되지 않고 기록해서 글로 남겨놓지 않았으면 많은 소리흉내말과 짓시늉말, 빛깔과 소리를 나타내는 말들이 사라져버렸을지도 몰라. 이런 말들은 한자로 옮길 수가 없잖아.

***

소리흉내말은 뭐고 짓시늉말은 뭘까? 소리흉내말은 일정한 가락으로 되풀이되는 소리를 잡아서 말로 만든 것이고, 짓시늉말은 눈에 보이는 몸짓을 시늉 내다가 그 특징을 잡아 소리에 담은 것이야.

소리흉내말, 짓시늉말은 가장 원초적인 말이라고 했지? 이것은 아이들이 자라는 모습을 보면 알 수 있어. 감각에는 혀로 맛보는 미각이 있고, 코로 냄새 맡는 후각이 있고, 살갗에 와 닿는 촉각이 있고, 귀로 소리를 듣는 청각이 있고, 눈으로 꼴을 받아들이는 시각이 있지. 이 가운데 아이들에게 가장 먼저 발달하는 감각은 아마 살갗의 감각이 특수화된 형태인 혀로 맛보는 미각일 거라고. 혀로 맛을 가려보는 것은 목숨하고 바로 이어지니까. 그다음에 코로 냄새를 맡는 후각이야. 원시 생명체, 특히 바닷물고기를 해부해보면 후각세포가 가장 크게 발달했다고 해.

그다음에는 청각일 거고, 시각은 맨 나중에 발달할 거야. 눈으로 봐서 사물의 생김새를 파악하는 것은 늦어. 어느 시기까지 아이들은 네 발 달린 동물을 모두 멍멍이나 야옹이라고 불러. 개라고 안 해. 멍멍이라고 하지. 고양이라고 안 해. 야옹이라고 하지. 귀에 들어오는 것으로 아이들이 맨 먼저 이것저것을 가려보기 시작한다는 이야기야.

귀로 들어오는 소리를 알아듣고 말로 옮긴 게 소리흉내말이잖아. 야옹이보다 멍멍이가 먼저일 가능성이 커. 멍멍이는 입술소리니까. 이렇게 아이들이 처음 떠올리는 말들은 소리흉내말로 이루어져 있어.

　살아 있는 생명체의 이름을 짓는 데 소리흉내말을 많이 썼어. 우리말도 그렇고 외국어를 봐도 그래. 나라마다 민족마다 시대마다 사람들 귀에 들리는 소리가 조금씩 달라서 다른 발음으로 만들어지긴 하지만. 뻐꾹뻐꾹 소리를 내서 뻐꾸기라고 하지? 뻐꾸기를 '꾸꾸'라고 하는 데도 있어. 염소를 세나라시대에는 '얌'이라고 했어. 우리는 병아리가 어떻게 운다고 하지? 삐약삐약. 프랑스말로는 '삐야올'이라고 해. 우리는 고양이가 '야옹' 하고 운다고 하는데, 프랑스말로는 '먀오'라고 해. 중국 사람들은 '묘'라고 하고.

*　*　*

　소리흉내말, 짓시늉말을 듣다 보면 질서가 있다는 걸 느낄 수 있어. 일정한 가락을 지니고 있지. '찰랑'이라고 할 수 있는 말을 '찰랑찰랑'이라고 하잖아.

　찰랑찰랑, 출렁출렁
　바스락바스락, 부스럭부스럭
　사각사각, 서걱서걱

옹알옹알, 웅얼웅얼

졸졸, 줄줄······.

같은 말을 되풀이하고 있어. 왜 되풀이할까? 왜 적어도 두 번 이상
되풀이할까?

그리스말 가운데 '코스모스cosmos'와 '카오스chaos'라는 말이 있어.
코스모스는 우주를 가리키기도 하고 질서를 뜻하기도 하지? 그러니까
코스모스는 질서 있는 우주이고, 우주는 무질서하지 않다는 것을 밑
에 깔고 한 말이야. 코스모스는 '코스메인cosmein'이라는 움직씨에서
나왔는데 '꾸민다'는 뜻이야.

우주가 질서를 지니기 위해서는 무언가가 되풀이되어야 하지. 해가
동쪽에서 떴다가 서쪽으로 져야 하고, 달이 찼다 기울어야 하고, 1년
365일에 한 번씩 지구가 태양을 한 바퀴 돌아야 하고. 이걸 되풀이해
야 해. 그래야 하루, 한 달, 한 해 주기로 시간을 알 수 있고, 동서남북
으로 공간을 구분할 수 있지. 이러지 않고 해도, 달도, 별도, 또 계절도
제멋대로 움직이면 우리는 살아남을 수 없어. 미루어 헤아릴 수 없으
니까. 예측할 수 있으면 준비할 수 있고 대비할 수 있지.

카오스는 뭘까? 혼돈, 혼란. 코스모스는 질서 있는 우주, 카오스는
무질서한 어떤 것. 카오스를 조금 더 구체적으로 시간의 측면에서도
살펴보고 공간의 측면에서도 살펴보자고. 카오스는 때데한몸(시공연
속체)에서 이루어지는 현상이니까. 코스모스도 마찬가지고.

공간 속에서 두 번 이상 되풀이되지 않고 시간 속에서 두 순간 이상 지속되지 않는 것을 카오스라고 해. 때와 곳이 순간순간 달라지지. 모습도 순간순간 바뀌고 바뀐 모습이 두 순간 이상 지속되지 않아. 이걸 카오스라고 해. 여기서 말하는 카오스는 요즘 물리학에서 나오는 카오스 개념하고 달라. 물리학자들이 말하는 카오스는 그래도 되풀이되는 게 있어. 본디 카오스는 되풀이되는 게 하나도 없다고.

카오스가 지배하는 세상에서는 기억을 형성할 수가 없어. 두 순간 이상 이어져야 머릿속에 새겨지니까. 그래서 우리가 어떤 사물을 더 잘 기억하기 위해 되풀이되는 말을 쓰는 거라고. 찰랑찰랑, 출렁출렁, 부스럭부스럭, 사각사각, 깡충깡충, 엉금엉금……. 되풀이해서 입 밖에 내봐. 되풀이되는 것의 최소 단위가 두 번이야. 여럿의 최소 단위가 둘(2)이지? 두 번 이상 되풀이돼야 기억 속에 들어와.

소리흉내말은 일정한 가락으로 되풀이되는 소리를 잡아서 말로 만든 것이고, 짓시늉말은 눈에 보이는 몸짓을 시늉 내다가 그 특징을 잡아 소리에 담은 것이라고 했지? 그런 원시적인 말, 자연에 가장 가까운 말이 놀랍게도 한자말, 외국말의 홍수 속에서도 기억에서 기억으로 지금까지 이어져 내려오고 있었던 거야.

우리는 소리에
예민한 사람들이었다

德(덕)으란 곰비(신령)예 받잡고(바치고), 福(복)으란 림비(임금)예 받잡고
德이여 福이라 호늘(하는 것을) 나ᅀᆞ라(바치러) 오소이다.
아으 動動(동동) 다리

正月(정월)ㅅ 나릿므른(냇물은) 아으 어져 녹져(얼었다 녹았다) ᄒᆞ논디?
누릿(세상) 가온디 나곤 몸하(이 몸은) ᄒᆞ올로(홀로) 녈셔(살아가는구나).
아으 動動 다리

二月ㅅ 보로매(보름에) 아으 노피 현(높이 켠) 燈(등)ㅅ블 다호라(같아라).

萬人(만인) 비취실 즈시샷다(모습이구나).

아으 動動 다리

三月 나며 開한(활짝 핀) 아으 滿春돌욋고지여(늦봄 진달래꽃이여)

나매(남이) 브롤(부러워할) 즈슬 디녀 나샷다.

아으 動動 다리

四月 아니 니저(잊어) 아으 오실셔(오셨네) 곳고리새(꾀꼬리)여

므슴다(무슨 일로) 錄事(녹사)니믄 녯나랄(옛날을) 닛고 신뎌(잊고 계신

가).

아으 動動 다리

五月 五日애 아으 수릿날(단오) 아춤(아침) 藥(약)은

즈믄힐 (천 년) 長存(장존)ᄒ샬 藥이라 받즙노이다(바치옵니다).

아으 動動 다리

六月ㅅ 보로매 아으 별해(벼랑에) ᄇ룐(버린) 빗 다호라

도라보실(돌아보실) 니믈(님을) 젹곰(조금, 잠시라도) 좃노이다(따라가

겠사옵니다).

아으 動動 다리

七月ㅅ 보로매 아으 百種(백중 날) 排(배)ᄒ야(벌여) 두고
니믈(님과) 혼ᄃᆡ(함께) 녀가져(지내고자) 願(원)을 비ᅀᆞᆸ노이다(비옵니다).
아으 動動 다리

八月ㅅ 보로ᄆᆞᆫ 아으 嘉俳(가배)나리마론(한가위 날이건만)
니믈 뫼셔 녀곤(지내야만) 오ᄂᆞᆯᆳ 嘉俳샷다.
아으 動動 다리

九月 九日애 아으 藥이라 먹논 黃花고지(국화꽃이)
안해(안에) 드니, 새셔 가만ᄒ얘라[금년歲序도 저물어가는구나, 초가집(茅
屋, 세서)이 고요하구나……].
아으 動動 다리

十月애 아으 져미연(저민) ᄇᆞ롯(보롯) 다호라
것거(꺾어) ᄇᆞ리신 後(후)에 디니실 혼 부니 업스샷다.
아으 動動 다리

十一月ㅅ 봉당 자리예 아으 汗衫(한삼) 두퍼(덮고) 누워
슬할ᄉ라온뎌(슬픈 일이도다) 고우닐(고운 님과) 스싀옴(갈라져 각자) 녈
셔(살아가는구나).
아으 動動 다리

十二月ㅅ 분디남ㄱ(분지나무)로 갓곤(깎은) 아으 나술(진상할) 盤(반, 소
반)잇 져(젓가락)다호라
니믜 알픠(앞에) 드러(들어) 얼이노니(가지런하게 하니) 소니(손님이) 가
재다 므라삽노이다(무는구나).
아으 動動 다리

《악학궤범樂學軌範》에 실린 고려가요 〈동동動動〉이야. 눈으로 읽어도
가락이 있다는 느낌이 들지? 운율韻律을 이루는 단위라든지 후렴이 일
정한 질서를 가지고 되풀이돼서 그래.

《악학궤범》은 조선 성종 24년(1493)에 왕의 명을 받아 의궤儀軌와 악보 등을
정리하여 성현, 유자광, 신말평, 박곤, 김복근 등이 펴낸 9권 3책으로 된 음
악책이다. 음악의 원리, 곡조, 악기와 배열, 복장, 춤 등 나라의 제사, 조회,
연회 때 연주에 필요한 사항들을 그림과 함께 담았다. 백제가요 〈정읍사〉와
고려가요 〈동동〉이 여기 실려 있다.

고려가요도 그렇고 시조도 그렇고 가락이 있어. 우리는 이것들을
글로 읽지만 당시에는 노래였으니까. 말에 가락을 실어서 입에서 입
으로, 귀에서 귀로 전했지. 가락을 실어 듣다 보면 느낌이 전해지지?
단가(短歌, 판소리를 하기 전에 명창이 목을 풀기 위해 부르는 짧은 노래)나
육자배기(가락에 굴곡이 많고 느리며 슬프고 비장한 느낌을 주는 남도 지방의

잡가)나 판소리를 들어도 그래. 사투리, 추임새, 소리흉내말, 짓시늉말 등 가락이 있는 맛깔스러운 말이 풍부하고, 이걸 세 번 네 번 되풀이하지. 이런 우리 소리를 듣고 있으면 가락을 따라 몸이 저절로 움직여. 느낌도 감정도 가락이 실린 말을 따라 움직여. 우리 소리는 사람을 홀리는 뭔가가 있다고.

우리 조상들은 소리 자체에도 예민했지. 예민하게 가려서 내고 예민하게 가려서 들었어. 기산 박헌봉 선생(岐山 朴憲鳳, 1906~1977)이라고 있어. 젊은 시절 가야금 풍류, 가야금 병창, 고법鼓法 등 전통음악을 공부한 후에 공연도 하고 교육 활동도 하고 여러 전통음악 단체와 공직에도 있으면서 한평생 전통음악을 위해 살았어. 이분이 1966년에 《창악대강唱樂大綱》이라는 책을 내. 여기서 성음聲音, 곧 목소리를 구별하는데 그 종류가 수십 가지야.

우선 목소리에는 밝은 소리가 있고 어두운 소리가 있어. '밝은 소리陽聲'는 배꼽 아래 단전에 힘을 주어서 밀어 올리는 소리야. 이걸 미는 목이라고 그랬어. '어두운 소리陰聲'는 배꼽 아래 단전에 힘을 줘서 잡아당기는 소리인데, 이것을 당기는 목이라고 했어. 미는 목, 당기는 목. 이렇게 갈래를 지었단 말이지.

이 밖에도 여러 가지 목소리가 있어. '천구성'이라는 게 있는데, 가장 이상적인 목소리로 알려져 있어. 천구성 가운데서도 더 좋은 것은 '수리성'이라고 그래. 목이 갈라져서 나는 쉰 목소리 있지? 천구성은 타고난 목소리고, 수리성은 갈고 닦아서 나오는 소리라고.

듣기에 몹시 **빡빡**하고 탁한 목소리는 '떡목'이라고 했어. 긴장감이 없는 목소리를 '노랑목'이라고 그러고. 밖으로 분명히 나오지 못하고 입 안에서 울리는 소리는 '발발성'이라고 했지. 장식음을 목소리에 얼마큼 덧붙이냐에 따라서 음정 변화를 일으키는 기법이 있어. 드는 목, 찌르는 목, 채는 목, 튀는 목, 휘는 목, 감는 목, 방울목, 꺾는 목, 제친목, 지르는 목, 던지는 목, 퍼버리는 목, 기지개목, 소리개목, 무지개목, 주천목……. 또 각구녁질이라는 게 있어. 소리에다 색을 입히듯이 꾸미는 건데, 잘못 꾸미면 듣는 사람에게 고통을 줘.

또 있어. 뱃속에서 바로 위로 뽑는 소리는 '통성'이라고 하고, 쇠망치같이 단단하게 나오는 소리를 '철성'이라고 하고, 아주 가늘게 미약하면서도 분명하게 나오는 소리를 '채성'이라고 하고, 목에서 구부러져서 나오는 소리를 '항성'이라고 하고, 코에서 울려 나오는 소리를 '비성鼻聲'이라고 그러지.

이 말들 말고도 목소리를 가리키는 말이 많아. 50여 가지 이상이 있지. 50여 가지 이상의 목소리를 가지고 우리는 소리놀음을 했어. 그만큼 우리나라 사람들이 듣는 귀가 좋았다는 거야.

줄기줄기 자라난
빛깔을 가리키는 말

색깔을 가리키는 우리말 그림씨에서 대표적인 것이 뭐가 있을까? 푸르다, 누르다, 붉다, 희다, 검다……. 풀에서 푸르다가 나오고, 누리(땅)에서 누르다가 나오고, 불에서 붉다가 나오고, 해에서 희다가 나오고, 검(하늘)에서 검다가 나왔다고 했지. 풀 같다(퍼렇다, 파랗다), 누리 같다(누렇다, 노랗다), 불 같다(발갛다, 벌겋다), 해 같다(하얗다, 허옇다), 검 같다(까맣다, 꺼멓다). 이렇게 색깔을 가리는 그림씨는 구체적인 사물에서 끌려 나와.

풀, 땅, 불, 해, 하늘에서 끌려 나와서 어떻게 바뀌느냐? 본보기로 '푸르다'란 말이 어떻게 가지를 치는지 보자고.

푸르다

검푸르다, 감푸르다 : 검은색을 띠면서 푸르다.

푸르스름하다, 푸르스레하다 : 조금 푸르다.

짙푸르다 : 짙게 푸르다.

푸르무레하다, 연푸르다 : 연하게 푸르다.

푸르께하다 : 곱지도 짙지도 않게 푸르다.

푸르디푸르다 : 더할 나위 없이 푸르다.

푸르청청하다 : 싱싱하게 푸르디푸르다.

푸르퉁퉁하다, 푸르칙칙하다, 푸르죽죽하다 : 산뜻하지 않게 푸르다.

푸르뎅뎅하다 : 고르지 않게 푸르스름하다.

푸릇푸릇하다 : 군데군데 푸르스름하다.

시퍼렇다, 새파랗다 : 매우 퍼렇다.

이 밖에도 '푸르다'에 연관되는 말들이 굉장히 많이 있을 거야. 우리말 갈래 사전 같은 데서 찾아 모아보면 재미있을 거야. '푸르다'는 말뿐만 아니라 다른 색깔 그림씨도 갈래갈래 나오는 게 거의가 다 비슷해.

이런 식으로 해서 색깔에서 미세한 차이를 드러내는 말들이 엄청나게 많단 말이지. 다른 나라의 말도 그런가? 이누이트 사람들이 눈雪을 수십 가지로 갈라서 본다는 얘기가 들리지만, 내가 알기로 우리말만큼 빛깔을 여러 가지로 갈라 보는 말은 없는 것 같아. 적어도 세계 주요 언어라고 부르는 말 가운데는 없어.

그러면 왜 그렇게 우리는 색깔을 여러 가지로 갈라 보았을까? 푸르다, 누르다, 붉다, 희다, 검다 등 몇 개의 말로만 나타내지 않고 왜 여러 말로 갈랐을까? 쓸모가 있었으니까 갈랐겠지?

'푸르다'는 풀에서 나왔다고 했지? 옛날에는 큰 틀에서 나무도 풀에 들어갔어. 풀의 어떤 쓰임새 때문에 이렇게 자세히 갈라놓았을까? 낟알이나 남새를 심고 거둘 때까지 제대로 자라고 있는지, 이만큼 자랐을 때 제 빛을 띠고 있는지, 튼튼한지, 병색은 없는지 아는 게 필요했어. 낟알이나 남새는 사는 데 꼭 필요한 먹을 것이잖아. 그때의 푸른빛은 어떤 면에서 농사꾼의 눈으로 살피는, 농사꾼의 눈에 들어온 빛깔들을 갈라놓은 것일 수도 있어. 살려고 자연을 살피다 보니 색깔들을 갈라 보게 된 거지.

우리의 생리적이고 심리적인 상태를 드러내기 위해서 색깔과 관련된 말이 많아졌을 수도 있어. 입술이 푸르뎅뎅하네, 낯빛이 푸르죽죽하네, 이러면 다른 느낌이 들잖아. 건강이 어떠한지, 어떤 심리 상태에 있는지 푸른색으로 나타낼 수 있다는 거지.

빛깔을 가리키는 말이 있기 전에 그 빛깔을 보고 가리는 색채에 예민한 사람이 있었고, 색채에 예민한 사람이 있기 전에 자연이 있었겠지. 자연이 온갖 빛깔로 어우러져서 눈에 들어왔기 때문에 이런 것들을 하나하나 짚어서 말들로 붙잡을 수 있었다는 거야. 금수강산이라는 말이 그냥 나온 게 아니야. 우리나라는 바닷가에서부터 제법 높은 산까지 있고, 땅 높이에 따라서 빛깔이 달라지잖아. 밋밋한 평야나 사막이나 해안 지방하고는 또 다르다고. 계절의 변화로도 색깔을 가리키는 말이 다양해졌을 거야.

색깔을 가리키는 말은 시각과 연관되지. 그래서 어떻게 보면 우리나라 사람들이 눈이 밝은 사람들, 눈이 맑은 사람들이었다고 생각할 수 있어. '눈이 맑다'는 것은 자연과 사물이 있는 그대로 눈에 고스란히 비치는 대로 드러낼 수 있었다는 뜻이고, '눈이 밝다'는 것은 여러 가지 색깔을 찾아서 볼 수 있었다는 뜻이지.

ㄱ

끼리끼리 어울리는 말

우리말에서 볼 수 있는 또 다른 특징이 홀소리어울림(모음조화)이야. 홀소리어울림이라는 것은 밝은홀소리는 밝은홀소리끼리, 어두운홀소리는 어두운홀소리끼리 어울리고, 밝은홀소리와 중성홀소리, 어두운홀소리와 중성홀소리가 어우러지는 걸 말해.

무엇을 밝은홀소리라고 하지? 'ㅏ', 'ㅑ', 'ㅗ', 'ㅛ', 'ㅘ', 'ㅚ', 'ㅐ' 같은 밝은 느낌의 홀소리. 어두운홀소리는 'ㅓ', 'ㅕ', 'ㅜ', 'ㅠ', 'ㅝ', 'ㅟ', 'ㅔ', 'ㅖ' 같은 어두운 느낌의 홀소리를 말하지. 중성홀소리는 'ㅣ', 'ㅡ'. 밝은홀소리와도 어두운홀소리와도 잘 어울리는 홀소리야. 물론 세나라시대에는 거듭홀소리가 없었다고 해. 받침도 없었고,

'ㅃ', 'ㅍ', 'ㄸ', 'ㅌ', 'ㄲ', 'ㅋ' 같은 된소리나 거친소리도 없었다고 해. 경상도 옛말은 오늘날까지 비교적 잘 보존되어 있다고 하는데, 경상도 사람들은 지금도 쌀을 '살'이라고 부르지?

소리흉내말, 짓시늉말은 우리말에서 크게 발달한 말이라고 했지? 우둘투둘, 오돌토돌, 설렁설렁, 살랑살랑……. 소리흉내말, 짓시늉말 역시 홀소리어울림으로 이루어져 있어. 어두운홀소리는 어두운홀소리끼리, 밝은홀소리는 밝은홀소리끼리 모여 있지. 이런 원시적인 말에서도 홀소리어울림이 나타나.

중국어라든지 외래어가 들어와서 밝은홀소리는 밝은홀소리끼리 모으고 어두운홀소리는 어두운홀소리끼리 모아서 소리 어울림을 이루는 발음 전통이 많이 깨져버렸지만, 우리나라 말처럼 소리흉내말, 짓시늉말에 오롯이 남아 있는 예는 세계 어느 나라 말에서도 찾아보기 힘들다고 해. 말랑말랑, 물렁물렁이라고 하지 멀랑멀랑, 몰렁몰렁 이런 식으로는 발음 안 한단 말이지. 그러니까 우리말처럼 소리흉내말, 짓시늉말에서 밝은홀소리와 밝은홀소리가, 어두운홀소리와 어두운홀소리가 한데 모여 이렇게 다양한 색채를 가진, 음색을 가진 말을 만들어낼 수 있는 거고, 그런 예를 세계 언어학사에서 찾아보기 힘들다는 거야.

한편으로 생각하면, 홀소리어울림이라든지 우리 고유의 음운 법칙을 깨뜨리는 튀기 말들이, 특히 중국 영향을 받아서 제멋대로 만들어진 튀기 말들이 그나마 많지 않고 우리말들이 밝은홀소리끼리, 어두운홀소리끼리 어우러지는 홀소리어울림이 살아남는 데 훈민정음이 큰 몫을 했어.

***

양성모음陽性母音, 음성모음陰性母音이라는 한자말은 우리말로 옮겨서 '밝은홀소리', '어두운홀소리'라고도 할 수 있고, 한자를 곧이곧대로 옮겨 '볏홀소리', '그늘홀소리'로 바꿀 수도 있겠지. 여기에서 '양'을 '볕'으로 옮기지 않은 까닭은 훈민정음 해례본解例本에 받침을 ㄱ, ㄴ, ㄷ, ㄹ, ㅁ, ㅂ, ㅅ, ㅇ 여덟 자만 쓰라고 적혀 있어서 그 말을 따른거야. '볕이라고 쓸 수도 있겠지만 훈민정음을 만든 지 100년이 채 되지 않아 최세진(崔世珍, ?~1542)이 ㄷ을 받침으로 쓰는 데 쌍지팡이를 짚고 나섰기 때문에 굳이 ㅅ을 쓴 거야.

최세진은 우리나라가 낳은 주시경(1876~1914) 못지않은 뛰어난 언어학자야. 닿소리를 ㄱ, ㄴ, ㄷ, ㄹ, ㅁ, ㅂ, ㅅ, ㅇ, ㅈ, ㅊ, ㅋ, ㅌ, ㅍ, ㅎ의 차례로 늘어놓고 그 닿소리 이름을 기역, 니은, 디귿……으로 붙여준 이도 최세진이고, 홀소리를 ㅏ, ㅑ, ㅓ, ㅕ, ㅗ, ㅛ, ㅜ, ㅠ, ㅡ, ㅣ로 줄 세운 사람도 그이였는데, 이분이 투덜댄 거야. ㄷ과 ㅅ은 받침 자리에 있을 때 소리값이 같은데 왜 굳이 ㄷ을 받침으로 쓰라고 해놓았는지 모르겠다고.

잘 따져보면 ㄷ을 받침으로 넣은 까닭을 미루어 짐작할 수는 있어.

ㄷ은 그 받침이 붙는 낱말이 수를 헤아리는 데 쓰이는 말이라는 걸 넌지시 드러내고 있다는 게 내 생각이야. 지금은 ㄷ이 붙을 자리에 거의 다 ㅌ이 붙어 있지만, 그것은 조선어학회 사람들이 뒤늦게 붙인 받침이고, 19세기 말 갑오개혁 언저리 때만 해도 사람들이 ㄷ 받침 붙이는 걸 '디귿디귿하게' 싫어서 ㄷ이 붙을 자리에 그냥 ㅅ을 붙여 썼어. 그래서 옹근 낱말(이것도 본디는 '낱말'이라고 써야 했어)로 남아 있는 말 가운데 우리말이 제대로 ㄷ 받침을 쓴 낱말은 '낟알'이라는 말이 거의 유일해.

옛날 같으면 '낱낱이'가 아니라 '낟낟이'로 써야 했을 거야. 아마 중세 사람들은 '홑'이라는 말 말고 '혼'으로 써야 하고, '둘'은 '둔'에서 나왔다고 했을 거야. 그다음에 셋, 넷이 아니고 섣, 넏이었겠지. 닫, 옅…… 이렇게 써서 그것이 헤아림, 수를 나타내는 받침이라는 걸 또렷이 드러내고 싶어 하지 않았을까? 세종 때도 숫자를 헤아리는 셈은 우리 삶에서 중요한 일이었을 테니까. 아직도 시골에는 한 개, 두 개, 세 개, 네 개로 낱개(낟개)를 세지 않고 한 낟, 두 낟, 서 낟, 너 낟으로 헤아리는 할머니 할아버지들이 더러 남아 있어.

어쩌다 이야기가 가지를 쳐서 '볕'을 '볏'으로 옮기자는 말이 이렇게 길어졌는데, 받침 이야기가 나왔으니 다른 받침도 살펴보기로 하자고. ㄱ, ㄴ, ㄹ, ㅁ, ㅂ, ㅅ, ㅇ, 이 일곱 받침은 우리나라에 들어온 한자음을 바로 소리 내고 적기 위해서 필요하기도 했지만, 더 따지고 들면 우리말에 어떤 받침이 붙으면 어떤 쓰임새를 드러내는지를 밝히는

데 더 큰 뜻이 있었을 거야.

　아주 짧게 이야기할게. 5~6세기 언저리까지는 우리말에 받침이 붙은 말은 거의 없었고, 홀소리는 그대로 홀로 소리 낱을 이루지만 나머지 소리는 닿소리와 홀소리가 모여서 소리 낱을 옹글게 이룬 것으로 보는 학자들이 있어. 이탈리아어나 일본의 가나처럼. 그러다 언젯적인지는 잘 모르지만 어느덧 뒤에 붙은 홀소리가 떨어져 나가고 홀로 남은 닿소리가 앞 말에 붙어서 받침이 생겨나기 시작한 거야. 이를테면 '남기(나무)'에서 'ㅣ'가 떨어져 나가 '낡'으로 쓰게 되는 거지.

　이렇게 ㄱ이 받침으로 쓰이면 그 말이 이름씨가 되고, ㄴ이 붙으면 움직씨가 되었건 그림씨가 되었건 그 말은 현재 상태를 드러내며(간다, 예쁜 꽃처럼), 움직씨에 ㄹ이 붙으면 미래나 추측을 나타내는 몫을 하고, ㅁ은 움직씨에서 이름씨로 바꿀 때 쓰이고, ㅂ은 높임말(우리나라에서도 중국에서와 마찬가지로 나이 많은 이들을 우러르는 '장유유서長幼有序'가 사회 질서를 유지하는 데 큰 몫을 했으니까)임을 드러내는 데도 쓰이며, ㅅ은 지난 적을 나타내는 데 쓰이고, ㅇ은 흥겨운 소리흉내말에 쓰이지. 어떤 받침이 붙느냐에 따라 쓰임새가 이렇게 달라져.

*＊＊

　음양(밝은홀소리, 어두운홀소리)이 나왔으면 뒤따라 오행五行이 나와야겠지? 목木, 화火, 토土, 금金, 수水, 곧 풀(나무), 불, 흙, 쇠, 물. 오방색五方

色으로 나타내자면 청(青, 푸름), 적(赤, 붉음), 황(黃, 누름), 백(白, 흼), 흑(黑, 검음). 쪽 또는 녘으로 말하자면 동東, 남南, 중中, 서西, 북北.

여기에서 눈여겨볼 것은 중국의 오행설이 빨라도 철기시대 뒤에 나타났다는 거야. 오행 가운데 쇠붙이(금)가 들어 있거든. 그리고 물(수)이 맑지 않고 검은빛을 띠어. 검은빛은 밤하늘의 빛이 아니고 중국 사람들에게는 햇빛이 들지 않는 숲 속 늪의 물빛이었어. 같은 오행이라도 우리나라에서는 해에서 흰빛이 나오고 하늘에서 검은빛이 생긴다고 보는 것과는 달리 중국 사람들은 쇠에서 흰빛이, 물에서 검은빛이 나온다고 본 거지. 나머지는 같아. 나무는 크게 보아 풀의 한 갈래니까 풀도 나무도 목이고. 그렇다고 우리 오행설이 중국 오행설보다 앞섰다고 우길 생각은 없어. 우리 오행설이 더 '원초적'이다(이런 어려운 말을 써야 한다면), 중국 물빛은 검지만 우리 물빛은 맑아서 그냥 그 안에 있는 것은 훤히 비칠 뿐 다른 무엇을 가리고 제 빛을 드러내는 일이 없어서 색깔을 드러내는 말로 쓰이지는 않았다는 말은 할 수 있겠지.

말이 나온 김에 (소리에도 빛과 그늘이 있다고 하니까) 사람 입에서 어떤 소리 가운데 어떤 소리가 앞서고 어떤 소리가 뒤따랐을까도 눈여겨보자고. 갓 말을 배우는 아이 입에서 맨 처음 터져 나오는 소리는 마, 바 같은 입술소리라고 했지? 사람(ㅣ)이 먼저 하늘(해, ·)을 부르면(ㅣ· → 아) 밝은 소리, 환한 소리, 아장아장 어린애 걸음 소리가 나고, 하늘(검)이 사람을 뒤에 세우면(·ㅣ → 어) 그늘진 소리, 어두운 소리, 어정어정 늙은이 걸음 소리가 나. 땅(ㅡ)이 하늘(·)을 떠받들면(ㆍ → 오)

소리가 떠오르는 해처럼 밝아지고 아이 볼처럼 볼록해지고, 해가 땅 밑으로 갈앉으면(ㅜ → 우) 짙어지는 그늘처럼 어두워지지. 밤을 맞은 수컷의 샅처럼 불룩해져. 이런저런 갈피 안 잡힌 생각들이 머릿속에서 맴돌지?

ㄴ

때와 곳을 함께 보는 말

그제, 어제, 오늘, 내일, 모레, 글피, 그글피

하루, 이틀, 사흘, 나흘

날, 달, 해

봄, 여름, 가을, 겨울

새벽, 아침, 낮, 밤

저제, 이제, 어제, 그제

갓, 겨를, 만, 녘, 늘, 늦, 덧, 막, 참, 짬, 새, 철, 곧, 께

지레, 틈, 뜸, 녘, 한뉘(한평생)

새東, 하늬西, 마南, 되(뒤) 또는 높北

앞, 뒤, 옆, 위, 밑, 아래, 안, 밖, 속, 가, 끝

여기, 저기, 거기, 이녁, 저녁

곳, 데, 쪽, 켠, 겉, 곁, 귀, 목, 틈, 울

논, 밭, 길, 골, 뭍, 못, 뻘, 늪, 뫼, 집, 샘, 터

때를 나타내는 우리말, 곳을 나타내는 우리말을 떠올려보면 무척 많지? 때와 곳 안에서 이것과 저것을 가리는 한 글자짜리, 두 글자짜리, 세 글자짜리 말들이 줄줄이 나와. 이 말들을 보면 참 짧고 쉬워. 우리말은 이렇게 쉽고 짧다고.

그런데 이 말들이 처음부터 때와 곳 안에서 뚜렷이 갈라져 있었을까? 붙박이로 살 곳을 찾지 못하고 이리저리 떠돌아야 했던 아주 옛날 우리 할아버지의 그 할아버지, 할머니의 그 할머니 적에는 '때'와 '곳'이 따로 있었을 성부르지 않아. 들짐승을 잡아먹고 살아야 했던 떠돌이 사냥꾼들에게 제 몸과 떨어져 있는 앞과 뒤, '이제'와 '저제'와 '그제'가 도드라진 뜻을 지니기 힘들었겠지?

특정한 하나가 아니라 두루 일컫는 두루이름씨도 없었을 거야. '해가 돋는 곳', '해 지는 땅', '들소가 좋아하는 풀이 자라는 때', '산딸기가 무르익을 무렵'……. 이런 말로 삶에 도움이 되는 말들을 어울어 '때'와 '곳'을 가리지 않았을까?

그러다 언제부터인지 살기 좋은 곳에 모여 떼 지어 살면서 논밭을

일구고 짐승들을 길들여 먹이를 얻는 사람들이 나타나고, 한곳에 붙박이로 눌러사는 사람들 사이에서 '앞'과 '뒤', '위'와 '아래', '이제'와 '저제', '날'과 '달'과 '해'가 우리 눈앞에 보이는 '날(해)' '달', '해'와 따로 떨어져 하루와 한 달과 한 해를 가리키는 말로도 쓰였겠지. '해밝이'가 '새벽'이 되고, 새벽에 이어지는 '앗참'이 '아침'이 되고, '온날(오늘)'에 이어지는 다음 날이 '암날(앞날)'로 바뀌었을 거야. 또 해가 뜨는 곳(동쪽)이 '새(해)'가 되고, 해를 바라 지은 집에서 해를 맞이하면서 앞쪽(남쪽)은 '마'가 됐겠지. 그리고 거기에서 불어오는 바람은 마파람이 되고. 해가 지는 곳(서쪽)은 하늬, 해를 바라 지은 집에서 맞은편은 뒤(북쪽)가 되는 거고.

앞, 뒤, 옆. 왼쪽과 오른쪽을 가리지 않고 우리는 옆이라고 그러지? 왜 왼, 오른을 안 가렸을까? 몸을 어디로 돌리느냐에 따라서 지금 우리는 나 개인을 가운데 두고 왼쪽과 오른쪽을 가리키잖아. 그런데 우리나라 사람들은 자기 개인을 기준으로 해서 그렇게 가려보지 않았어. 우리가 있었지, 나라는 개인을 따로 떼어내지 않았다고. 내가 물구나무를 서면 위아래가 바뀌잖아. 해를 보면서 서 있다가 뒤로 돌면 나를 따라 동서남북이 바뀌지? 하지만 우리가 마을을 이루고 살 때는 이런 식으로 생각하지 않았어. 동서남북이 우리 마을, 우리 집을 가운데 두고 정해졌어. 그래서 왼, 오른을 가리지 않고 옆이라고 했고.

자리를 가리킬 때 '밑'이라는 말도 쓰지? 우리는 똥구멍을 밋(밑)이라고도 했어. 똥구멍을 닦는 걸 '밑 닦는다'고 하잖아. 그다음에 안과 밖. '밖'은 어디서 왔을까? '밝다'는 말에서 왔을 수 있어. 옛 우리말에는 받침이 거의 없었고 받침에 된소리도 쓰지 않았으니까, '안'은 어둡고 '박'은 밝고.

이렇게 시간 안에서, 또 공간 안에서 이것과 저것을 가리게 되는데, 희한하게도 시간도 가리키고 공간도 가리키는 말이 있어. '녘'. 해질 녘에도 녘을 쓰고, 남녘과 북녘, 이녘과 저녘 할 때도 녘을 써. 이녘은 나를 가리키고, 저쪽을 저녘이라고 말하기도 하지. 아침, 저녁 할 때도 '저녁'이야. 해가 저쪽으로 질 무렵. 이제, 어제, 그제 할 때 '제'는 본디 '대'였거든. '디'라고 하기도 하고. '이제', '어제', '그제' 할 때는 시간을 가리키지만, '어디'라고 할 때는 공간을 가리키지. 이런 말들을 보면 우리가 처음부터 때와 곳을 갈라서 보지는 않았을 거라는 생각이 들어.

이제, 어제, 그제. '아' 다르고 '어' 다르지? "'아' 다르고 '어' 다르다." 이 속담 참 많이 써. 이 속담 역시 시간에서 나왔어. 그러면 '어'가 먼저일까, '아'가 먼저일까? '어'가 먼저지. 'ㅣ'가 기둥이 되어 '어'가 앞서고 '아'가 나중이 돼. '언'니는 '아'우보다 앞선 사람이야. '어(엉)'는 먼저라는 뜻이 있으니까. '어'버이도 먼저 난 사람이고. '아'이는 아래에 있는 사람, '아'저씨와 '아'주머니는 '어'버이보다 덜 중요한 사람.

'이제'의 바로 앞날은 '어제'가 되고, 그 앞날은 '그제'가 되지. '이제'의 뒷날은 '아제'였을 거야. '아제'가 '오는 날(미래)', '내일'을 가리

켰다는 흔적은 '아직'이라는 말에 남아 있어. 《계림유사》에도 내일明
日이 안직餕直이라는 말로 적혀 있지.

ㄷ

'있다'와 '없다',
'이다'와 '아니다'

오래전부터 우리는 '있다', '없다'와 '이다', '아니다'를 가려서 따로 썼어. 서양에서는 가려 쓰지 않았지.

그리스어 '에이나이einai'라는 움직씨가 있는데, 영어로 비be, 프랑스어로 에트르être, 독일어로 자인sein이야. '이다'라는 뜻과 '있다'라는 뜻이 뒤섞인 말이야. 그 사람들 사이에서는 우리가 말하는 '있다', '없다'라고 하는 있음씨(존재사)와 '이다', '아니다'라고 하는 꼴풀이씨(지정사)가 구별이 안 돼. "there is a girl(가시내가 하나 있다)"이라는 말과, "The girl is beautiful(그 가시내는 예쁘다)"이라는 말에서 앞은 '있다', 뒤는 '이다'를 뜻하는데도 'is'가 똑같이 쓰여. 문장 전체를 보고 '있음'

을 나타내는지 '임'을 나타내는지 알아야 하는데, 어떤 때는 그래도 구별이 안 되기도 해.

무엇이 참이고 거짓이냐고 물었을 때 우리는 두 가지로 대답할 수 있어.

'있는 것'을 '있다'고 하고
'없는 것'을 '없다'고 하는 것이 '참'이다.
'인 것'을 '이다'라고 하고
'아닌 것'을 '아니다'라고 하는 것이 '참'이다.

저 사람들, 그리스 로마 언어의 전통을 이어받은 사람들은 이 둘을 가려보지 못해. 그러니까 '없는 것'을 '있다'고 하거나 '있는 것'을 '없다'고 하는 것, '인 것'을 '아니다'라고 하거나 '아닌 것'을 '이다'라고 하는 것이 거짓인데, 이것이 따로 나뉘지 않고 한데 뒤섞여서 같은 말이 되풀이, 다시 말해서 동어반복이 되고 말아.

참과 거짓을 가리려면 '있는 것이 있다' '없는 것이 없다', '있는 것이 없다' '없는 것이 있다'처럼 왼쪽에 있는 '있음'과 '없음'을 오른쪽에 있는 '있음', '없음'과 이어주어야 해. 그러면 거기서 참과 거짓이 드러나. 또 앞말과 뒷말을 '이다', '아니(안이)다'로 이어주거나 갈라주어야 해.

김현숙은 고순덕이 아니다.

맞는 말이지? 이것은 참이야.

김현숙은 고순덕이다.

거짓이지? 논리학은 여기에서 출발해. 우리는 아이 때부터 있다 없다, 이다 아니다를 잘 이해하고 잘 쓰는 민족이야.

'있다' '없다', '아니다' '이다'는 동떨어진 말이 아니라 사촌 격인 말일 수 있어. 제주말 '이시다(있다)', '어시다(없다)'를 보면 알 수 있지. '아니다'는 '안 이다'가 바뀐 말이야.

***

'없는 것이 있다'는 말이 있지? 재미있는 말이야. 없는 것이 있다는 게 무슨 말이지? 빠진 것이 있다는 말이잖아? '있는 것이 없다'는 건? 아무것도 없다는 말이야. '하나도' 없다는 말이지.

'있는 것'이 어떻게 '하나'라는 말로 바뀔 수 있을까? 있는 것은 하나로 있지. 여러 개가 있는 것이 아니야. 그러니 '있는 것이 없다'는 하나도 없다는 말이 되는 거지. '없는 것이 없다'는 말은? 모든 게 다 있다. 어려운 말로 무無가 부정이 되면 총체가 다 나타나. 없는 것은 하나로 있어, 여럿으로 있어? 여럿이지. 이것도 없고 저것도 없으니 없는 것투성이잖아. 있는 것은 하나고 없는 것은 여럿이야. 우리말 '있다'와 '없다', '이다'와 '아니다'는 이렇게 깊은 뜻이 있어.

더 깊이 알고 싶은 사람은 내가 쓴 《철학을 다시 쓴다》(2013)를 읽어 봐. 아마 읽어도 무슨 소리인지 모를 게 뻔한데, 인도의 승려 나가르주나(용수)가 쓴 《중론》보다도 더 어려운 이 책은 300년쯤 뒤에 머리가 어떻게 된 사람이 나타나면 알 수 있으려나. 그렇지만 몸에 해롭지 않은 초강력 수면제 하나 마련하는 셈 치고 사 봐. 처음에는 재미있어. 나중 부분도 읽을 만해. 하지만 있음과 없음을 다루는 중간 부분에서는 두 쪽만 읽고 있으면 틀림없이 졸음이 올 거야. 그 약효는 내가 보증해. 하하.

지난 2015년에 논문을 한 편 썼는데 〈0과 1 사이〉야. 200자 원고지 40매쯤 썼어. 간단하게. 이걸 썼더니 누군가 물어. "1이 더 커요, 0이 더 커요?" 1이 더 클까, 0이 더 클까? 1이 더 크다고 하는 사람은 하나님을 믿으면 독실한 기독교 신자가 될 것 같고, 0이 더 크다고 하는 사람은 불교 신자가 되면 큰스님이 될 것 같은데(우스개로 하는 이야기야).

기독교에서는 유일신을 믿지. 오로지 하나. 하나인데 거룩해서 '님' 자를 붙여 하나님이라고 하잖아. 하나님이 세계를 창조했다고 하지. 하나님이 세계를 빚어냈으니까 하나님이 세계보다 더 커. 있는 것은 하나고, 하나는 한정이 되어 있어. 규정되어 있다고 말해. 가장 작은 하나에서 가장 큰 하나까지를 살피는 게 철학의 목표라고 하지.

현대물리학에서는 가장 작은 하나를 찾으려고 애를 쓰고 있어. 거시 세계에서 하나를 찾는 작업과 미시 세계에서 하나를 찾는 작업을 동시에 벌이고 있어. 그런데 어떤 사람들에게는 0이 더 크게 여겨져.

0과 1 가운데 어느 게 더 크냐는 질문을 바꿔서 있는 것과 없는 것 가운데서 어느 것이 가장 크냐고 물을 수도 있어. 없는 것은 있어, 없어? 진짜로 없는 것은 생각할 수도 없고 입 밖에 낼 수도 없지. 이걸 '순수 무無'라고 해. 헤겔식으로 말하면 '다스 라이네 니히츠das reine Nichts'. 그런데 우리는 '없는 것'이라는 말을 쓰잖아? '없는 것'이라는 말을 쓴다는 것은 우리 생각 속에 '없는 것'이 들어온다는 말이거든. 하지만 우리는 '없는 것'이 왜 머릿속에서 떠오르는지는 몰라. 텅 비어 있어. 없는 것의 특성을 말해봐라 하면 말할 수가 없다고. 그런데 없는 것이 있다고 해. 우리는 있는 것만 떠올릴 수 있고 입 밖으로 드러낼 수 있는데도 없는 것이 있다고 하지.

'없는 것이 있다'는 말은 '빠진 것이 있다'는 말이지? '빠진 것'은 라틴어로 '프리바티오privatio', 한자어로 '결핍缺乏'이라고 해. '제사상에 제사 음식이 다 갖춰져 있어야 하는데 없는 게 있네', 이럴 때 빠진 게 있다는 말이야. 그러니까 '없는 것이 있다'는 말은 '있을 것이 없다'는 말도 돼.

나한테 '0이 더 크냐, 1이 더 크냐'고 물은 사람은 없는 게 있는 것보다 크다고 말했어. 그 까닭?

있는 것은 하나다.

없는 것도 있다.

없는 것 따로 있는 것 따로 있어 헤아리면 둘이다.

그러므로 0이 1보다 더 크다.

말이 되지? 여기서 '둘'이라는 말이 중요해. 있는 것은 하나로 있으니까 있는 것에서는 둘이 안 나와. 있는 것 옆에 없는 것이 따로 있다고 봐야 둘이 나오지. 있는 것과 없는 것이 한 쌍이 되고 있는 것이 하나라면 없는 것은 둘이야. 있는 것이 같은 것이라면 없는 것은 있는 것과 다른 것이기 때문에 그것이 따로 있어. 그래서 2개가 되지. 있는 것과 없는 것은 놓인 자리가 달라. 있는 것이 이 자리에 있다면 없는 것은 저 자리에 있어. 여기서 이진법이 나와. 컴퓨터에서 이진법으로 계산을 하잖아. 모든 것을 이진법으로 나타내.

'있다', '없다'는 존재론의 문제라고 하지? 있는 것은 있는 것과 같기 때문에 하나로 뭉치고, 있는 것은 없는 것과 다르기 때문에 나와 남이 갈라지는 거거든. 한자로 일자一者와 타자他者. 그런데 있는 것과 없는 것을 가르려면 그 사이에 금, 경계선이 있어야 하거든. 금은 있는 것에 속해, 없는 것에 속해? 있는 것에 달라붙으면 있는 것하고 하나가 돼버리잖아. 경계선 노릇을 못해. 그러면 없는 것에 달라붙어? 금이 없는 것에 달라붙으면 금까지 다 없어져버리지. 이게 바로 무규정성의 문제고 카오스까지 연결돼.

있는 것에 달라붙어 있다고 해도 틀리고 없는 것에 달라붙어 없다고 해도 틀려. 옛 그리스 사람들은 이것을 '아페이론apeiron'이라 했어. 앞에 붙은 '아a'는 부정이야. 뒤의 '페라스peras'는 끝이라는 말이고.

우리는 끝을 보고서 겉을 보고 이것저것이 어떤 꼴을 갖추고 있는지 알아. 끝이나 갓(가)이나 같은 말이지? 이것이 물병이다, 어떻게 알아? 이 물병의 겉을 보고 알지? 이 겉은 갓, 한계이기도 해. 이 물병이 끝나는 곳, 이 물병이 물병이 아닌 것하고 만나는 곳을 보고 이것이 물병이라는 걸 알아. 이걸 그리스어로 페라스라고 그래. 이것이 라틴어 '피니스finis'야. '인피니스infinis'가 뭐야? 앞의 '인in'이 부정사니까 인피니스는 무한, 무규정적인 것이지. 그러니까 있는 것과 없는 것을 가르는 선은 있는 것도 아니고 없는 것도 아니어야 해. 제3의 것이어야 한다고. 이걸 아페이론이라고 해. 있는 것도 아니고 없는 것도 아니고 인 것도 아니고 아닌 것도 아니고.

없는 것이 어떻게 생겼어? 없는데 어떻게 말해. 그런데 없는 것은 우리 머릿속에 들어와 있으니까 우리가 말로 표현해. 없는 것도 있고 있는 것도 있고, 없는 것은 없는 것이기도 하고 있는 것이기도 하니까 없는 것은 둘이라고 했지? 그래서 없는 것이 있는 것보다 크다고 할 수 있다고.

있는 '것'과 없는 '것', 인 '것'과 아닌 '것'의 한계를 끝, 겉, 갓이라고 했지? 이 셋은 같은 말뿌리에서 생겨난 것이야. '겉'의 반대는 뭐야? '속'. 속은 옛날에 '숩'이라고도 했고 '솜'이라고도 했어. 이불솜의 솜도 이불 안에서 나왔다고. 솜 하면 목화를 떠올리는 사람이 많지만. 지금은 '익산'으로 바뀐 전라북도 이리를 옛날에 '솜리'라고 불렀어. 우리말 '속'을 나타내는 한자가 리裏인데, 우리말 첫 글자로 ㄹ을 쓰는 걸 꺼려서 그냥 '이'로 소리 내. 겉과 속, 안과 밖은 말뿌리는 달라도 뜻은 크게 다르지 않아. 겉은 빛(박)을 받아 또렷이 드러나. 그와는 달리 속(소, 솟, 숩, 솜)은 만두소처럼 그 안에 무엇이 들어 있는지 보이지 않아. 숫(숯)처럼 까매.

일, 이, 삼이 아니라
한낟, 덛날, 샌날

하나, 둘, 셋, 넷, ……. 헤아리는 일은 우리가 이 누리를 살아가는 데 큰 몫을 해. 이 헤아림은 '헴'이라고 했다가 ㅎ이 ㅅ으로 바뀌어 '셈'으로 굳어졌지? 셈에서 가장 먼저 손꼽은 말 '하나'는 으뜸 수이기도 하고 모든 수의 바탕이 되기도 해. 이 말은 어떻게 해서 생겨났을까?

'홑옷'이라는 말 들어봤나? '핫바지'라는 말은? 나 어렸을 적에 우리 마을에서는 '하나'라고 소리 내지 않고 '한나'라고 했어. 곳에 따라 하나, 둘, 셋, 넷, ……을 헤아릴 때 '한나', '두나', '세나', '네나'라고 하는 데도 있지. 이때 '나'는 '낟'에서 줄어든 말일 수 있어. '한(홑)

낱', '덛(둗)낱', '섣낱', '넏낱, ……으로 소리 내면 머릿속에 무언가 떠오르지? 장터에서 콩이나 팥을 되로 파는 시골 아지매들이 '다섯 되', '여섯 되' 하지 않고, '닫 되', '열 되'라고 하기도 해. '한낱 시골 무지렁이 주제에 허튼소리를 하는 속셈이 뭐야?'라고 꾸짖는 소리가 귀에 들리는 듯하네.

　앞에서 우리말 받침 가운데 ㄷ과 ㅅ이 소리값이 같은데도 받침으로 쓰는 닿소리를 일곱 자로 하지 않고 굳이 ㄷ까지 끼워 넣어 여덟 자로 하자고 훈민정음 해례본에 밝힌 것도 ㄷ이 숫자를 나타내는 받침이기에 끼어 넣은 게 아닐까 하고 이야기한 것 기억나나? 손가락을 꼽을 때 엄지손가락을 홀로 꼽으면 한낱(혼낱)이 되고, 거기에 덧붙여 검지를 꼽으면 덛낱(둗낱)이 되고, 한낱과 덛낱 사이에 든 게 샌(사이)낱이고, 엄지를 온통 감싸 넣는 손가락은 넏낱이 되고, 새끼손가락까지 꼽으면 손가락이 손바닥을 다 닫아서 주먹 쿤 꼴이 되면서 닫낱이고……. 실제로 《계림유사》를 보면 '하나'를 '하둔河屯'으로 기록한 게 나오는데, 고려 시대 발음으로는 아마 'ㅎㄷ낱'쯤이었으리라고 말하는 국어학자도 있어.

*　*　*

　1933년 조선어학회에서 '한글 맞춤법 통일안'을 만들고, 그 안에 따라 《조선어사전》을 펴내기 위한 말 뭉치를 모을 때 그 일에 몸담았던

국어학자들이 저지른 잘못이 크게 보아 두 가지 있었다고 봐. 하나는 갑오개혁 때까지 받침으로 쓰던 닿소리 7개를 제멋대로 늘린 것, 또 하나는 표준말을 정할 때 서울·경기 지역 학자들, 특히 서울에 사는 학자들을 터무니없이 많이 끼워 넣은 것.

조선어학회 학자들 쪽에서 할 말이 없는 건 아니야. 그분들이 맞춤법 통일안을 만들 때까지만 해도 《훈민정음 해례본》이 아직 발견되기 전이었거든. 해례본은 1940년에 경북 안동에서 발견됐어. 그분들이 참고 삼은 우리말 받침에 대한 세종의 말은 '훈민정음 언해본'이라고도 하고 '훈민정음 예의편'이라고도 하는, 《월인석보月印釋譜》 1, 2권 머리에 붙어 있는 몇 쪽 안 되는 글이야. 《월인천강지곡月印千江之曲》을 세종이 지었고, 《석보상절釋譜詳節》은 세조가 지었는데, 그것을 합해서 《월인석보》로 이름 짓고 우리말로 옮기는 일을 세조가 맡았다는 건 알지?

그런데 그 글 가운데 '종성부용초성終聲復用初聲'이라는 말이 있었단 말이야. 이 말은 두 가지로 풀이할 수 있어. 하나는 받침을 위해서 따로 글자를 만들지 않아도 된다는 것. 첫 닿소리 소리값은 받침에서도 제 값을 한다는 뜻일 수 있고. 또 하나는 첫 닿소리는 아무거나 다 받침에도 쓸 수 있다는 뜻으로도 읽힌다는 거야. 좀 억지스럽게 이야기하자면 첫 닿소리가 ㅉ으로 되어 있다면 받침에도 ㅉ을 그대로 옮겨 쓸 수 있다는 거지.

억지스러운 이야기라고 했지만 실제로 옛 우리말 가운데 '때'를 나타내는 '쁴'라는 말이 있다.

나중에야 해례본이 나와서 받침으로는 ㄱ, ㄴ, ㄷ, ㄹ, ㅁ, ㅂ, ㅅ, ㅇ (이건 최세진이 정한 차례에 따르는 거야)만 써도 된다는 게 밝혀졌지만, 맞춤법 통일안을 만들 때 학자들은 첫소리(초성)에 나오는 닿소리를 받침에 다 써도 된다고 고지식하게 받아들였어. 그럴 수밖에 없는 게 학자들은 말보다 글을 더 값지게 여기고, 소리값보다 글꼴이 어떠냐에 더 눈길을 주었거든. '낱소리'를 앞세우느냐, '형태소'를 더 앞세우느냐 하는 다툼인데, 이를테면 재야 국어학자인 하오 정경해 선생 같은 분은 소리값을 해치지 않으면서 글꼴도 살리려면 우리말 바탕 꼴을 낮춤말인 '하다' 꼴로 삼지 말고 높임말인 '하오' 꼴로 바꾸어야 한다고 했지만 요즈음에도 그 말을 귀담아듣는 학자가 없어.

글꼴을 '앉다', '안다', '않다'로 적어놓고 읽어보라고 할 때, 받침의 소리값이 같아져버리잖아. '안다'라고 소리 나는데 무슨 '안다'인지 확실하지 않아. 그런데 '안즈오', '안으오', '안하오'라고 '하오'체로 쓰면 말의 줄기가 고스란히 드러난다는 거지. 그래서 정경해 선생은 호까지 '하오'로 붙였어. 우리말 움직씨나 그림씨의 기본형을 하오체로 고쳐야 한다고 주장해. '다'에서 '오'로. 대단히 소중한 주장이야. 서로 말을 높이자는 거고. 하지만 이런 분들은 대학에 계시지 않았기 때문에 후학들, 제자들을 길러내지 못했어.

이렇게 억지로 우리말 받침을 마구잡이로 늘려놓은 게 '조선어학회'(나중에 '한글학회'로 이름을 바꿔) 학자들이 저지른 큰 잘못이야. 내가 알기로는 '한글 맞춤법 통일안'은 언어 발달사에서 쉽게 쓸 수 있는 말을 어렵게 바꾸어 말과 글, 소리와 꼴이 어긋나게 언어 정책을 인위적으로 바꾼, 세계에서 비슷한 보기를 찾아보기 힘든 뒷걸음질이야.

한때 이승만 정권 시절 문교부장관 안호상이 소리 나는 대로 적자고 했다가 학자들이 벌 떼처럼 일어나서 그 뜻을 관철시키지 못한 적이 있지. 소리 나는 대로 적어야 한다는 학자들과 본디 꼴을 찾아서 적어야 한다는 학자들 사이에서 싸움은 계속돼. 말글을 중요하게 여기느냐, 글말을 중요하게 여기느냐 하는 건 그 사람이 어느 쪽 기능을 높이 치느냐, 눈으로 보는 걸 더 앞세우느냐 귀로 듣는 걸 더 앞세우느냐에 따라 달라져. 글을 아는 사람 중심으로 생각하면 글꼴이 훨씬 더 그 사람들에게 중요하겠지. 말이 더 중요하다고 생각하는 사람들은 소리가 더 중요할 것이고.

조선어학회에서도 비슷한 일이 일어나. 박승빈(1880~1943)은 소리 나는 대로 적자고 주장했는데, 당시 조선어학회를 주도했던 다른 사람들의 경향과 분명히 다르거든. 옳다, 그르다의 문제는 아니었어. 나중에 조선어학회가 갈라져서 박승빈은 나가버렸지만. 그런데 박승빈은 독립협회를 만들고 《독립신문》을 발행했던 윤치호(1865~1945)하고 같이 친일 행위를 했다는 말이 있다고. 실제로 그런 흔적이 있고. 그러니까 박승빈은 친일을 한 사람이고 조선어학회 사람들은 탄압을 받으면서 우리말을 지키려고 했던 사람들이라서 해방 뒤에 박승빈 쪽 주장은 제쳐놓고 탄압받던 사람들 목소리가 커져. 그런 정치적 성향하고 맞물려 있어.

우리가 《구운몽》이라든지 《사씨남정기》라든지 그 밖에 여러 소설들, 《심청전》이라든지 《열녀춘향전》이라든지 판소리계 소설까지 죽 보면 글꼴을 중심으로 해서 썼던 소설이 아니야. 말소리를 그대로 적었지. 그래도 사람들은 알아듣고 이해를 했거든. 사람들이 글자 한 자 한 자 보고 뜻을 새기는 게 아니라 전체 글 속에서 그 낱말이 들어 있으면 이건 무슨 뜻이겠다, 하고 전체로서 받아들이는 경향이 있기 때문이야.

그렇게 소리 나는 대로 적었어도 문제는 없었어. 오히려 우리가 편하게 들었을 수 있었을 거야. 맞춤법 때문에 골치 안 아프고. 우리가 또 가위눌림(트라우마)이 있잖아? 초등학교 때부터. 선생님이 맞춤법 틀렸다고 내 글을 뻘겋게 고쳐놓으면 정 떨어지잖아. 다시 글을 쓸 엄두가 안 나고. 그렇지 않고 소리 나는 대로 써라 하면 얼마나 편했겠어. 그러면 사투리와 표준말을 가려 쓰려고 그렇게 애쓸 필요가 없었겠지. 마을에서 쓰는 말을 그대로 옮겨 적으면 글이 됐을 거고. 정치적인 상황과 성향 때문에 사실은 똑같이 살펴볼 가치가 있는데도 어떤 이론을 정치 논리에 따라 아예 틀린 것으로 하여 제쳐놓아버리는 경우가 있단 말이지.

***

우리나라도, 이웃 나라인 일본도 수와 연관해서는 일찍부터 이중 질서가 세워졌어. 입으로는 하나, 둘, 셋, 넷, 다섯, 여섯, 일곱, 여덟, 아홉, 열로 헤아리면서 글로 쓸 때는 쓰기 쉬운 一, 二, 三, 四, 五, 六, 七, 八, 九, 十으로 기록했지. 그러다 차츰 우리말은 뒷전으로 밀리고 잊히다 보니 일 년 열두 달 가운데 섣달 하나만 달랑 남고 나머지 말은 모두 한자를 빌어서 적게 되었을 뿐만 아니라 입말까지 바뀌게 된 거야. 한술 더 떠서 요즈음에는 "너 나이가 몇 살이야?"라고 물을 때 '일곱 살'이라고 대답하지 않고 '칠七 살'이라고 대답하면서 그 대답이 틀렸다는 걸 모르는 아이들이 늘고 있어.

우리는 우리 글에 말을 쉽게 담아 주고받는다.
돌이켜보면 얼마 되지 않은 일이다.
우여곡절 끝에 그런 놀라운 일이 일어났고
그 뒤로 우리말은 이어지거나 바뀌고 있다.

4장

우리 글에
우리말을 담아
서로에게 이어서

누구지?

아이들이 맨 처음 입 밖에 내는 말
마(엄마), 바(아빠), 무(물), 부(불)
입술소리로 이루어진 쉬운 우리말
몸, 맘(마음), 이마, 볼, 목, 배, 팔, 발
사는 데 없어서는 안 되는 것들 가리키는 말
보리, 밀, 벼, 밥, 벌(들판), 밭, 비, 바람, 햇볕……
'어' 다르고 '아' 다른 말.
'어'제는 지난날이고, '이'제는 온날(오늘)이고
'아'제는 아직 안 온 날.
'아바님도 어이 어신 마라난 어머님같이 괴시리 없어라.'
〈가시리〉에 나오는 어이(나이가 앞서는 이)를

어이 없는 아이가 들으면 가슴 아리는 말

누가 이 말들 죄다 없애고

어제는 과거로, 이제는 현재로, 아제는 미래로 바꾸어놓았지?

밀 보리를 소맥 대맥으로, 비바람을 풍우로

바꿔치기한 사람들 누구지?

아자비(앗아비)를 숙부 백부로

아자미(앗아미)를 숙모 백모로

부르라고 윽박지르던 사람들 어디 갔지?

묻지 마, 아직도 우리 곁에 있어.

입 잘못 놀리면 다쳐.

우리 글이 없었던 시절

이렇게 독특한 우리말은 우리 글이 없었다면 이어져서 전해 들을 수도, 전해 말할 수도 없었을 거야. 훈민정음 창제 전에는 뜻을 빌리거나 소리를 빌려서 이런저런 한자로 기록했어. 한자의 뜻을 빌려 쓴 것을 훈차訓借라고 하고, 한자의 소리를 빌린 것을 음차音借라고 했어.

신라의 벼슬 이름으로 이사금尼師今이 있지? '하늘을 잇다'는 뜻인 '잇검(임금)'을 한자로 옮긴 것인데, 이것은 오롯이 음차지. 《삼국유사》에 실린 향가 〈모죽지랑가慕竹旨郞歌〉에서는 밤 야夜 자를 쓰고 바로 이어 소리 음音 자를 붙여서 우리말 밤을 옮겼어. ㅁ 자를 쓰려고 소리 음 자를 빌린 거야.

우리 글에 우리말을 담아 서로에게 이어서 | **163**

去隱春皆林米 / 毛冬居叱哭屋尸以憂音 / 阿冬音乃叱好支賜烏隱 / 貌
史年數就音墮支行齊 / 目煙廻於尸七史伊衣 / 逢烏支惡知作乎下是 /
郞也慕理尸心未行乎尸道尸 / 蓬次叱巷中宿尸**夜音**有叱下是

간 봄을 그리워함에 / 모든 것이 서러워 시름하는구나. / 아름다움 나
타내신 / 얼굴이 주름살을 지으려고 하는구나. / 눈 깜박할 사이에 / 만
나 뵈올 기회를 지으리이다. / 낭이여, 그리운 마음의 가는 길에, / 다북
쑥 우거진 마을에 잘 밤인들 있으리이까.

— 양주동 옮김

'야음夜音'이라고 쓰고 '밤'이라고 읽는다고. 그늘 음陰 자가 아니라
소리 음音 자를 써서. '야음을 틈타서'라고 할 때는 그늘 음 자를 쓰지.
이렇게 훈차도 하고 음차도 해서 쓰는 일도 있었단 말이야.

〈모죽지랑가〉라는 제목은 후세에 《삼국유사》 권2 효소왕대 죽지랑조孝昭王
代 竹旨郞條의 기록에 따라서 붙인 것으로, '죽지랑가', '다기마로 노래', '득
오곡모랑가得烏谷慕郞歌' 등 다른 제목으로 불리기도 한다. 〈모죽지랑가〉는
화랑 죽지랑竹旨郞을 모시던 득오得烏가 급히 부산성의 창고지기로 가게 되
었으나 죽지랑의 도움으로 다시 돌아오게 되자 그를 생각하며 지었다는 7세
기 말 신라 효소왕 때 8구체 향가다.

그런데 중국말은 말의 차례라든지 표현 방식이 우리말과 달라서 그대로 쓸 수 없어. 우리말에 맞게 차례를 바꿀 수밖에 없었던 거지. 말의 차례는 우리말 차례를 따르고, 중요한 낱말은 한자의 훈訓을 쓰고 우리말 도움씨나 말꼬리(어미)는 한자의 음音을 빌려서 적었어. 그게 세나라 시대에 정리가 돼서 쓰이기 시작한 이찰吏札이고 향찰鄕札이야.

신라 때 작은 벼슬아치들을 아찬阿飡이라고 많이 했어. '칭기즈칸' 할 때 '칸'은 한 집단의 우두머리를 가리키잖아? 아찬은 작은 우두머리. 아전衙前이라는 말 있지? 관아의 벼슬아치 밑에서 일하는 사람을 아전이라고 하는데, 이것은 아찬에서 나온 말이야. 아전을 한자로 쓰는데 워낙은 우리말이지. '앗한'이었을 거야. 이 아전이 쓴 글을 이찰이라고 했어. 이두라고도 하고.

이두는 공식 문서나 실용적인 문서에 주로 썼고, 향찰로 쓴 대표적인 글은 향가鄕歌지. 구결口訣은 한문의 각 구절 밑에 달아서 한문을 읽기 편하게 만든 것이야. '隱(은, 는)', '伊(이)', 'イ(伊의 일부)', '厂(厓의 일부)' 같은 글자를 붙인 거지. 여기에서 쓰는 약자가 일본 글자의 원형이었을 거라고 짐작하는 사람도 있어.

훈민정음이 있기 전에는 이두, 향찰, 구결을 익혀 쓰느라고 아주 애를 먹었어. 이 가운데서 이두, 향찰은 고려 시대에도 썼고, 이두는 훈민정음을 만든 뒤에도 여전히 쓰였어.

***

고려 시대 말을 알 수 있는 자료가 뭐야? 《계림유사》지. 11세기 송나라 사신 손목이 고려에 와서 보고 들은 고려의 풍습, 제도, 말을 글로 담은 책이야. 《계림유사》를 보면 우리 고유의 말이 바뀌는 모습을 알 수 있어. '가람'을 '강'이라고 하고 '뫼'를 '산'이라고 하고, '즈믄'을 '천'이라고 하며 한자를 그대로 받아들여 써. 우리 고유의 말이 사라지고 한자가 우리말로 자리 잡은 게 상당수 드러나. 국어학자 강신항 선생이 《계림유사 고려방언 연구》(1980)라는 책에 잘 정리해놓았는데, 이건 강신항 선생만의 생각이라고는 보지 않아.

조선 시대 기록에서도 우리말로 자리 잡은 한자들을 볼 수 있어. 어느 정도냐면, 모양은 같지만 우리나라에서만 뜻이 다른 한자가 있기도 하고, 한자를 짜 맞춰서 중국에는 있지도 않은, 듣도 보도 못한 글자를 만들거나 아예 새로 만들어서 쓴 일도 있어.

한자로는 우리말 소리를 옮겨 적는 데 한계가 있어서 원래 있는 한자 아래 乙 자를 붙여 할乤, 갈乫, 솔乺, 걸乬, 줄乽, 볼乶, 돌乭 같은 글자를 만들어내거나 원래 있는 한자 아래 질叱 자를 붙여서 엇旕, 읫兺, 늦旕, 곳喸, 苁, 廗, 팟喸, 뿐兺, 쇳 같은 글자를 만들어내기도 했어. 놈耆처럼 ㅁ 받침 소리를 글자로 옮기려고 원래 있는 한자 아래 구口 자를 넣기도 하고, 곱乫처럼 ㅂ 받침 소리를 옮겨 적으려고 원래 있는 한자에 읍邑이나 파巴를 붙이기도 했지.

겨울이 되어 한강에 얼음이 얼면 얼음을 떠서 동빙고, 서빙고에 모아서 간수했잖아? 여기서 '얼음을 뜬다' 할 때 '뜬다'는 한자가 없으니까 물에 뜰 부浮 자를 써서 부빙浮氷이라고 했어. 한자말을 새로 만든 거지. 《조선왕조실록》에 기록되어 있어. 종이를 뜬다고 할 때는 부지浮紙라고 했지. 논 답畓이나 터 대垈 자도 우리나라에서 만든 한자고.

이렇게 우리말에는 이두, 향찰, 우리나라식 한자말이 뒤섞여 있어.

시작은 한자 발음의
통일이었다

세종은 음운학에 관심이 많았다고 해. 그래서 중국의 《홍무정운》을 보고 한자에 담긴 소리를 읽는 표준 발음 체계를 만들어서 《동국정운》을 펴낸단 말이지. 그런데 한자음의 자모를 《홍무정운》의 36자모를 그대로 따르지 않고 28자모로 만들어.

닿소리	ㄱ(ㄲ), ㅋ, ㆁ, ㄷ(ㄸ), ㅌ, ㄴ, ㅂ(ㅃ), ㅍ, ㅁ, ㅈ(ㅉ), ㅊ, ㅅ(ㅆ), ㆆ, ㅎ(ㆅ), ㅇ, ㄹ, ㅿ
홀소리	·, ㅡ, ㅣ, ㅗ, ㅏ, ㅜ, ㅓ, ㅛ, ㅑ, ㅠ, ㅕ

《홍무정운》에서는 반절反切로 소리를 옮겼어. 앞 소리를 이 글자에

서, 뒤 소리를 저 글자에서 따서 합쳐 쓰는 거지. 이를테면 '동'이라는 소리를 옮긴다 하면 'ㄷ'을 콩 두豆 자에서 따고 '옹'을 붉을 홍紅 자에서 따서 '됴(ㄷ)紅(옹)'으로 모아 쓰는 거야. 《동국정운》에서는 정음 28자를 가지고 이 한자음을 옮겨 쓴 거지.

***

《홍무정운》은 왜 만들었을까? 명나라로 중국이 통일되면서 다스리는 울타리가 넓어지는데 곳에 따라 발음이 다른 거야. 요즘도 그러잖아. 쓰촨어 다르고 광둥어 다르고 베이징어 다르고. 곳곳에 통치자의 지시 사항을 정확하게 전달해야 하는데 발음이 다르면 힘들잖아. 그래서 말소리를 통일하는 게 필요했고, 베이징어를 기준으로 삼아서 표준 음운을 확정해. 명나라 태조 홍무 8년, 1375년에.

발음이 통일되면 중국말을 이해하는 사람들끼리 의사소통을 할 수 있지. 같은 글꼴로 뜻을 붙들어놓아도 지역에 따라서 소리를 다르게 내고 시대에 따라서 다르게 말하면 의사소통이 안 되잖아. '천지'를 어떤 사람은 "천지"라고 하는데 어떤 사람은 "텬디"라고 소리 내고 또 어떤 사람은 "짠지"라고 말하면 어떻겠어? 말이 없이 글로 써서 생각을 서로 주고받을 수도 있겠지만 엄청나게 효율이 떨어질뿐더러 실제로는 아무나 할 수 있는 일도 아니야.

고구려, 신라, 백제 시대부터 한자가 우리나라에 들어와서 우리말을 밀어내고 차츰 자리를 잡는다고 했지? 먼저 지배층이 한자를 받아들여. 지배층에서는 중국과 교류하려면 중국말을 써야 하고 또 한자를 써서 주고받아야 하지.

이 한자를 시대마다 지역마다 똑같이 발음했을까? 그러지 않았을 거야. 광둥에서 들어오는 것도 있었을 거고, 칭따오에서 들어오는 것도 있었을 거고, 다롄에서 들어오는 것도 있었을 거라고. 그러면 번역을 하는 역관譯官 또는 통사通事라는 사람들이 그걸 옮기는데, 광둥식으로 접한 사람은 광둥식으로 옮기고, 칭따오식으로 접한 사람은 칭따오식으로 옮기고, 다롄식으로 접한 사람은 다롄식으로 옮겼겠지. 또 북녘의 함흥 등에서 교역을 한 사람들은 또 다른 중국말로 주고받았을 거라고.

또 과거시험을 보려면 한자로 쓰인 책을 봐야 한단 말이야. 사서삼경四書三經에서 《예기》까지 중국 책을 읽어서 과거를 치렀으니까. 그런데 서로 다르게 읽어버리면 안 되잖아. 가령 《논어》를 가르칠 때 어떤 사람은 광둥식으로 읽고 어떤 사람은 쓰촨식으로 읽어버리면 배울 수도 가르칠 수도 없는 지경에 이른단 말이야.

이런 혼란을 막으려고 세종은 《동국정운》으로 음운 체계를 통일하고 중국말 바로 읽기 운동을 전개했겠지. 그렇게 발음이 통일되고 나니까 선생이 "하늘 천, 따 지" 하면 제자도 "하늘 천, 따 지" 하고 따라 해. 서로 알아듣는단 말이지. 그림을 소리로 바꿀 때 똑같은 소리를 내는 길을 찾은 거라고.

똑같은 소리를 내서 어디에다 퍼뜨려? 일반 민중들 사이에 퍼뜨려. 왜? 자기네 지시나 명령을 알아듣도록 하려고. 우리가 지배계급의 말을 알아듣지 못하면 어떻게 될까? 바로 죽음이지. 지배계급의 말을 잘 알아서 따라야 살아남는데 그 말을 못 알아들으면 죽음이야. 그러니까 어떻든 그 말을 익혀야 해. 위에서 지시로 내려오니까.

그런데 소리를 글꼴로 바꾸어낸다는 거, 이거 쉬운 거 아니거든. 그것도 제 나라 말만이 아니라 다른 나라 말까지. 세종이 훈민정음 스물여덟 자를 만들었을 때 어떤 자부심을 가지고 있었냐 하면, 가장 가까운 중국 글자를 다 훈민정음으로 나타낼 수 있다고 했어.

훈민정음을 창제한 이후에 한자와 우리 정음正音을 섞어서 〈용비어천가龍飛御天歌〉(1445, 세종 27)를 지어.

海東 六龍이 ᄂᆞᄅᆞ샤(나시어) 일마다 天福이시니 古聖(옛 성인)이 同符ᄒᆞ시니(같으시니)

불휘 기픈 남ᄀᆞᆫ ᄇᆞᄅᆞ매 아니 뮐ᄊᆡ(움직일세). 곶 됴코 여름 하ᄂᆞ니(열매 많나니)
시미 기픈 므른 ᄀᆞᄆᆞ래(가뭄에) 아니 그츨ᄊᆡ(그칠세). 내히(내를) 이러(이뤄) 바ᄅᆞ래(바다에) 가ᄂᆞ니

이렇게 시작하지. 몇 가지 한자가 섞였지만 우리말로 죽 써내려가.

《두시언해杜詩諺解》도 마찬가지야. 《두시언해》 초간본(1481, 조선 성종 12)을 보면 오언절구, 칠언율시 한문으로 죽 써놓은 것을 우리말로 주르륵 옮긴다고.

이렇게 해서 중국말을 다 우리말로 옮길 수 있다는 증거를 보이는 거지. 대단한 거야. 이거는 일본 사람들도 못한 거야. 일본 사람들은 한자 하나를 적어놓고 수십 가지로 발음을 해. 어떤 것은 소리로 따서 읽기도 하고 어떤 것은 뜻으로 따서 읽기도 하고.

훈민정음으로는 중국 글자만 옮길 수 있었던 것이 아니라 다른 여러 나라의 글자까지 다 나타낼 수 있단 말이지. 우리나라는 중국만 상대한 게 아니잖아. 북방 민족들과 일본 사람들하고도 상대해야 했단 말이야. 그리고 또 새소리, 바람소리, 짐승 울음소리 등 우주 삼라만상의 소리를 다 글자로 붙들어둘 수 있다고 생각했어. 토박이말, 소리흉내말, 짓시늉말까지 글자에 담았잖아.

'한글'이란 말은 뒷날 주시경 선생이 만들어낸 것이고, 세종 당시에는 바른 소리, 곧 정음이라고 했어. 바른 소리를 내는 길을 제대로 찾아내서 그 소리를 글로 옮기면서 옛날 우리나라 사람들이 주고받던 여러 가지 토박이말이 되살아났어. 〈토끼전〉, 〈수궁가〉 같은 것을 보거나, 또 우리나라 민요 같은 것을 보면 온갖 새소리를 다 흉내 내. 꾀꼬리는 꾀꼴꾀꼴, 뱁새는 삐쭉삐쭉, 종다리는 빼쫑빼쫑. 온갖 소리흉내말을 다 나타낸다고. 개, 닭, 소 같은 집짐승 소리만이 아니라 들짐승의 소리도 글꼴로 옮길 수 있었어.

만일에 정음을 만들지 않았으면 그렇게 할 수 있었을까? 중국 글자를 빌려서 남겨? 민중 속에서 소리로 살아 있었겠지만 시간이 지나면서 차츰 사라져버렸겠지. 소리흉내말, 짓시늉말 다 죽어버렸겠지. 아테네 제국이 주변 나라를 모두 통합하고 로마가 대로마제국을 건설했을 때 가까이 있던 곳의 토박이말은 죄다 없어져버렸어. 우리 고유의 말도 비슷한 운명을 겪었을 거야.

우리말을 살려내는 데 정음이 기여한 바가 이렇게 커. 각 지역의 사투리까지 포함해서 우리 토박이말을 그대로 글자로 잡아내어 다시 소리로 되살려냈으니까. 그러니까 공간화시켜 눈으로 붙들어둘 수 없는 많은 것들을 시간의 흐름 속으로 되돌려 보냈다는 말이야. 시간으로 돌려보내 말이 살아나게 한 거지. 우리는 글 없어도 살아. 그런데 말이 막히면 못 살아. 벙어리들만 있는 공동체가, 의사소통의 길이 막혀버린 공동체가 스스로 살아갈 수 있을까? 사람은 서로 도와야 살 수 있는 생명체인데?

이렇게 해서 우리는 소리를 되찾았다고. 훈민정음을 창제함으로써 우리 고유의 소리를 되찾았어. 우리의 소리를 자손만대로 전하면서 풍요롭게 사는 길을 열었다고 할 수 있어.

글자에 소리를
그대로 붙들어내다

　소리를 글자로 붙들어둘 때 훈민정음은 나타나는 대상의 모습을 소리로 드러내거나 흉내 낸 것은 아니지. 중국 사람들은 뫼(산)를 山으로, 내(천)를 川으로 하는 등 대상을 간략하게 그림으로 그려냈어. 이것을 '산'으로 읽고 '천'으로 읽는 것은 우연한 것이라고. 글꼴과 말소리가 완전히 맞아떨어지지는 않지.

　그런데 우리 글은 어때? 대상의 모습을 따서 글꼴을 만든 것이 아니지. 말에 따라 달라지는 발음기관의 모양을 본떠서 글의 가장 바탕이 되는 닿소리와 홀소리를 만들었어. 닿소리 17자, 홀소리 11자, 합해서 28자를 만든 거야.

닿소리	
ㄱ(ㄲ), ㅋ, ㆁ	엄소리(牙音)
ㄷ(ㄸ), ㅌ, ㄴ	혓소리(舌音)
ㅂ(ㅃ), ㅍ, ㅁ	입술소리(脣音)
ㅈ(ㅉ), ㅊ, ㅅ(ㅆ)	잇소리(齒音)
ㆆ, ㅎ(ㆅ), ㅇ	목구멍소리(喉音)
ㄹ, ㅿ	반잇소리(半齒音)

이를테면 기역(ㄱ). 혀가 목구멍을 막는 소리야. '윽' 한번 해봐. '윽'. 혀뿌리가 목구멍을 막지. 혀뿌리가 목구멍을 막으면 기역이라는 소리가 나. 기역은 아음牙音, 엄소리라고 하지. 주로는 아牙를 목구멍이 아니라 어금니로 옮겨서 어금닛소리라고 해.

그다음에 니은(ㄴ). 니은은 혀끝이 입천장에 붙는 모습을 본떴다고 해. 그래서 니은은 설음舌音, 혓소리라고 하지. 혀가 목구멍을 막는 모습을 본뜨면 기역, 혀끝이 입천장에 닿는 모습을 본뜨면 니은이라는 글자가 된다는 거.

시옷(ㅅ)은 뭐냐? 치음齒音, 잇소리라고 해. 이 사이로 나오는 소리. 미음(ㅁ) 같은 것은 순음脣音, 입술소리야. '므므므' 해봐. 그다음에 이응(ㅇ)은 후음喉音, 목구멍소리. '엉, 엉'이라고 소리 내봐. 목구멍 깊은 데서 소리가 나오지?

이렇게 "아" 할 때 입이 얼마나 벌어지느냐, "어" 할 때 그 소리가 어디서 나오느냐, "오" 할 때 입술이 어떻게 오므라드느냐, "우" 할 때 그런 소리가 나오는 기관들이 어떻게 움직이느냐, 소리가 입 밖으로 나올 때 입술과 이 그리고 혀와 목구멍의 모습이 어떻게 바뀌느냐를 보고 글꼴을 만들었어. 글자에 서로 다른 모습을 담은 게 아니라 서로 다른 소리를 담았다고.

그런데 홀소리가 만들어진 원리를 다르게 말하는 사람도 있어. 점 하나를 찍고 하늘이 둥근 것을 나타내는 것이라고 하고, 가로로 줄 하나 긋고는 땅을 나타내는 것이라고 하고, 세로로 줄 하나 긋고는 사람을 나타내는 것이라고 한다고. 하늘을 나타내는 점을 사람을 나타내는 세로줄 오른쪽에 붙여 '아'를, 왼쪽에 붙여 '어'를 만들었다고 하고, 땅을 나타내는 가로줄 위에 붙여 '오'를, 아래 붙여 '우'를 만들어 냈다고 해. 이렇게.

홀소리	
·, ㅡ, ㅣ	기본자
ㅗ, ㅏ, ㅜ, ㅓ	초출자(初出字)
ㅛ, ㅑ, ㅠ, ㅕ	재출자(再出字)

전 우주적인 '뽕'이지.

이렇게 만든 닿소리 17자, 홀소리 11자를 가지고 첫소리(초성), 가운 뎃소리(중성), 받침소리(종성)를 고르고 모아서 소리를 나타내게 돼.

그런데 다른 나라 글을 보면 홀소리와 닿소리가 따라 붙지 않기도 해. 그러니까 닿소리 하나 오고 홀소리 하나 오고 그다음에 닿소리 오고 또 홀소리 오고 이런 식으로 홀소리와 닿소리가 모여서 글꼴을 이루지 않는 것이 많다고. 인도유럽말이나 러시아말을 살펴보면 닿소리가 두세 개, 서너 개가 잇달아 나오는 말도 적지 않아. 영어를 예로 들어보면, strike라고 할 때 str 하고 주르르 닿소리만 붙는단 말이지. 아랍어도 닿소리를 죽 늘어놓는데 홀소리는 그 닿소리에 점 같은 기호를 붙여서 나타내. 우리나라에서도 한때 그렇게 표기하는 글꼴이 있었어. 훈민정음을 만들었던 때 그런 모습을 띤 글자들이 더러 있었지. '쯰'나 '써디다', '쎌리다'처럼.

***

소리를 붙들어서 글꼴로 만들어 붙박는 과정이 《훈민정음 해례본》에 담겨 있어. 처음 이 책이 발견됐을 때 굉장히 충격이 컸어. 오래된 문자 가운데 만든 까닭이나 무엇을 본떠서 글꼴을 만들었는지 알 수 있는 기록이 있는 문자가 드물거든. 훈민정음은 어떻게 태어났는지 탄생 과정부터 기록된 세계에서 거의 유일무이한 문자라고.

그런데 문제는 그런 거야. 어떻게 우리 귀에 들리는 소리를 글자, 그림꼴을 한 글자, 그러니까 귀를 두드리는 소리를 눈에 드러나는 꼴로 바꾸어낼 수 있었는가, 그렇게 바꾸어내는 가장 가까운 길이 어떤 것이었겠는가. 이런 것들이 모두 음성학이라든지 음운론의 연구 대상인데, 이에 대한 연구는 세종의 훈민정음 이후로 이 땅에서도 나라 밖에서도 제대로 이루어진 게 없다는 게 내 생각이야.

훈민정음처럼 닿소리와 홀소리를 낱소리로 따로 가려내고 그걸 모아서 하나의 소리 단위로 이렇게 짜 맞춘 말은 세계에서 찾아보기 힘들다고 그래. 꼴이 갖추어진 다른 문자들은 거의 그림으로 소리를 그려낸 것이거든. 바빌로니아나 아시리아에서 쓰던 옛 쐐기문자, 이집트의 상형문자, 같은 상형문자인 중국의 한자가 다 그래.

서양의 알파벳도 훈민정음과 같은 소리글자이긴 한데 글꼴을 보고 거기에 맞추어 정확하게 소리 내기 위해서는 따로 발음기호가 필요해. 훈민정음도 중국말 발음을 통일하기 위해 만든 거라 처음 얼마간은 거성去聲이니 상성上聲이니 입성入聲이니 평성平聲이니 하는 사성을 글자 옆에 발음기호로 점을 찍어 구분했지만, 사성을 구분하는 발음기호는 곧 없어졌지. 점이 없으면 낮은 소리 평성, 점이 하나면 높은 소리 거성, 점이 둘이면 낮다가 높은 소리 상성, 받침소리가 ㄱ, ㄷ, ㅂ인 음절이면 입성이라고 해. 알파벳은 알파, 베타, 감마, 델타 등 고대 그리스 사람들이 쓰던 문자 가운데서 알파와 베타를 합쳐 만들어낸 말이야. 페니키아 문자에서 그리스 문자가 나오고, 그리스 문자는 로마 문자와 키릴 문자에 영향을 줬어.

노마 히데키野間秀樹라는 한국어 학자가 《한글의 탄생》(2011)이라는 책에서 가장 단순한 소리인 포넴phonem을, 가장 단순한 글꼴인 모르펨으로 고정시키는 한글을 보면 볼수록 찬탄을 금할 수 없다는 이야기를 하지. 형태소, 곧 글꼴의 기본 단위를 모르펨이라고 한다고 했지? 낱소리, 곧 소리의 기본 단위를 포넴이라고 하고. 소쉬르(Ferdinand de Saussure, 1857~1913)라는 언어학자가 만든 개념이야.

20세기에 들어서야 이 사람이 처음으로 형태소와 낱소리를 발견했다고 하는데, 그보다 훨씬 앞서서 둘을 가려낸 사람이 세종이라는 거야. 15세기에 세종이 훈민정음으로 형태소와 낱소리를 합쳐서 글자가 만들어진다는 걸 보여. 음성학을 포네틱스phonetics라고 하지. 서양의 음성학에서는 20세기에 들어와서야 비로소 이론이 세워지는데, 우리나라에서는 벌써 15세기 훈민정음에 드러나 있다고.

《한글의 탄생》은 한글을 만든 과정, 창제 원리, 우리말과 한글의 문화사적 의미 등을 담고 있어. 우리말, 우리 글에 대해 더 깊이 알고 싶으면 이 책을 읽어보면 돼. 내가 우리말, 우리 글에 대해 여기저기에서 읽은 것을 한데 묶어서 이야기하는 것은 큰 의미가 없다고 봐. 이에 대해 잘 정리한 책들을 직접 읽는 게 더 좋아. 여러분을 게으르게 만들 권리나 의무가 나한테 없거든. 그러니까 직접 찾아서 읽는 게 좋겠다는 거야.

심한 반대 속에서도
세상에 나오니

필요해서 만들었고, 큰 쓸모가 있었지만 훈민정음 창제와 반포를 둘러싸고 집현전 학자들 사이에서 의견이 두 갈래로 팽팽하게 갈리지. 최만리(崔萬理, ?~1445) 같은 사람은 한글 창제와 반포에 크게 반대하고, 집현전 학자들 가운데서 젊은 학자들은 세종 편을 들어서 훈민정음을 연구하고 만들어내고 널리 펴내는 데 힘을 기울여.

1443년에 최초로 훈민정음이 만들어졌고 세 해 뒤인 1446년에 조금 고쳐서 반포가 되는데, 창제 당시 집현전 대제학이었던 정인지(鄭麟趾, 1396~1478)의 나이 마흔일곱 살이었어. 정인지는 정이품 대제학이었지.

조선의 관직이라는 것이 위로 정일품, 종일품에서부터 정구품, 종구품까지 죽 정해져 있는데, 집현전의 우두머리는 영전사領殿事라는 직명으로 정일품이 맡아. 정일품은 영의정, 좌의정 이런 벼슬아치들인데, 그 지위는 상징적이야. 실무를 맡아서 일 처리를 하진 않아. 그 아래로 정이품 대제학이 있고, 정삼품 부제학, 종삼품, 종구품 벼슬들이 죽 있었는데, 실제 업무는 이 사람들이 맡았지.

당시 집현전에는 정인지 밑으로 최항(崔恒, 1409~1474)이라는 사람도 있었어. 종삼품으로 응교 벼슬을 하고 있었는데, 나이가 서른넷이었어. 1443년 훨씬 이전부터 훈민정음 연구에 힘을 기울였다고 보면 젊음을 훈민정음에 바친 거지. 박팽년(朴彭年, 1417~1456)은 잘 알지? 사육신 가운데 한 사람인 박팽년. 박팽년은 종오품 부교리였는데 스물여섯 살, 신숙주(申叔舟, 1417~1475)는 종오품 부교리였는데 스물여섯 살, 강희안(姜希顔, 1418~1465)은 종오품이었는데 스물네 살, 그다음에 이계는 종오품 부수찬이었는데 당시 스물여섯이었어. 20대 초반부터 이 사람들이 집현전에서 정인지의 지도 아래 훈민정음 창제를 돕는 일을 하지. 성삼문(成三問, 1418~1456) 같은 사람은 중국으로 요즘 말로 하면 여러 차례 출장 가서 자료들을 모아 오고 한다고. 사육신 가운데 한 사람이었던 이이도 20대 초반이었어.

최만리는 그때 벼슬이 집현전 부제학이었지. 1438년, 훈민정음을 창제하기 5년 전에 부제학이었고, 관찰사직을 거쳐서 1440년에 다시 집현전 부제학으로 돌아왔어. 그 당시 세종하고 나이가 같았다고 그래. 이 사람이 집현전의 다른 사람들보다는 나이가 좀 많았지.

최만리가 훈민정음 반포에 반대했다고 했지? 국어학자 최현배 선생(1894~1970)은 최만리를 사대주의자라고 하면서 입에 담을 수 없을 만큼 심하게 공격했다고 해. 최현배 선생이 활발하게 한글을 연구하고 활동한 때는 일본 제국주의 시절이었으니까 더 그랬겠지.

세종이 한글을 창제해서 널리 반포하려 할 때 최만리를 중심으로 해서 반대를 한 사람들이 상소문을 올려. 이를테면 이런 거야.

"소신들이 엎드려 추측하옵건데 언문의 제작이 지극히 신묘의 경지에 다다르고 그 새롭게 창조하여 천지를 움직이게 하는 바로는 실로 먼 천고역사에서 빼어난 것이라 꼽겠나이다. 하오나 신들의 부족한 견식으로 아뢰옵기 황송하오나 한 옆으로 심려되는 바가 있사옵니다. 송구스러우나 엄명을 받고자 합니다.

우리 왕조는 옛 조상 때부터 지금까지 모든 성의를 다해 저 위대한 존재, 중국을 섬기며 오직 중화의 제도를 따라왔습니다. 지금 글을 같이하고 문물제도를 함께해야 할 바로 이때에 언문을 제작하면 그것을 보고 듣고 이상하게 여기는 사람이 있을 것입니다."

이렇게 욕먹을 만한 이야기를 한다고.

"예부터 중국 9개의 주가 풍토가 다르다고는 하나 그중에 사투리에 의거한 다른 문자를 가졌다는 것을 본 적도 없습니다. 몽골이나 서장,

여진, 일본 같은 곳에 각각 문자가 있었던 것은 모두 오랑캐들이나 하는 짓이며 논할 여지도 없는 것입니다."

이래. 거기다 또 덧붙여.

"역대로 중국은 모두 기자조선의 유품이 남아 있어 중화에 필적할 나라로 조선을 예우하고 있습니다. 지금 따로 언문을 만듦은 중화를 버리고 스스로 오랑캐가 되려고 하는 것입니다. 이것이야말로 어찌 문명의 큰 누가 되지 않겠습니까. 만약에 이것이 중국에 알려져 탈 잡는 이가 있다면 큰 것을 섬기고 중화를 받드는 마음에 어찌 부끄러운 일이 아니겠습니까."

이런 식으로 소리에 따라 글자를 합치는 것은 옛 본을 거스르는 일이라고 계속해서 어깃장을 놓는다는 말이지. 그 논거를 다시 보면 이래. 우리는 글자를 만들지 않았어도 삼국시대부터 중국 글자를 이용해서 향찰이나 이찰이나 구결로 훌륭하게 글을 써왔다. 그리고 큰 불편이 없었다. 그런데 이제 와서 느닷없이 글자를 만들어 쓰겠다고 한다면 우선 중국 눈치가 보이고, 옛날부터 문명이 발달해온 중국을 그대로 따라 하지 않고 간단한 글자로 쉽게 쓰는 것은 야만으로 돌아가는 것이다. 이렇게 우기단 말이지.

세종은 최만리가 정곡을 짚은 점을 인정하기는 해. 그러면서도 반론을 편단 말이야.

"그대들이 소리로서 글자를 합친다고 하는 것은 옛 본을 거스르는 것이라고 했다. 설총이 한자와 음을 달리한 것에 대해서는 어떻게 생각하는가?"

최만리가 말해.

"설총의 음이 한자의 음과는 다르다고는 하나 어디까지나 한자의 음과 훈을 빌린 것으로서 어조사와 한자는 서로 떨어져 있는 것이 아닙니다. (그런데 정음처럼) 자모를 합쳐서 줄 지어 쓰면 음과 훈이 흔적조차 사라져버립니다. 이런 걸 문자라고 할 수 있습니까? 글자 형태를 이루지 못하고 있지 않습니까?"

무슨 말이냐 하면 이런 것이야. 한자에는 소리와 꼴과 뜻이 다 유기적으로 결합되어 있다는 거야. 산山이라고 하면 글꼴로도 산의 모습이 드러날 뿐만 아니라 산이라는 소리가 외마디 속에 다 들어 있고 산이라는 것이 무엇을 나타내는가 하는 뜻도 담겨 있다는 것이지.
그리고 한자가 훨씬 문명화된 형태라고 우겨. 사람이 생각해낸 글자 가운데 중국 글자가 가장 완전한 것이다. 이것으로 못 나타내는 소리가 없지 않느냐. 옛날에 설총이 이찰을 만들었을 때 중국 한자를 본떠서 만들었지 않느냐. 이렇게 말하는데, 여기에 숨은 뜻이 있어. 훈민정음을 쓰게 된다면 사회 질서가 어지러워진다는 거야. 한문을 씀으로써 성리학을 받아들여서 나라의 기강을 바로 세우고 반상班常의 질서를 유지해왔는데, 훈민정음은 너무 쉽고 빨리 배울 수 있는 글자라 안 된다는 거지. 글자를 쉽고 빨리 배우는 사람이 사서삼경이나 성리학에 스며 있는 깊은 뜻을 깨우칠 수 있겠느냐, 마음공부를 깊이 할 수 있겠느냐 하는 거야. 이걸 까놓고 이야기하면 별 거지 발싸개 같은 놈들이 한글로 낸 쉬운 과거시험이나 그 밖의 시험에 좋은 성적으로 합격해서 반상의 질서를 다 어지럽힐 것이고, 그 결과 사회 변혁이 일어나면 임금인 당신이라고 무사할 것 같으냐는 거지. 지배 계층의 특권 유지 논리가 숨어 있는 거야.

여기에 정인지가 《훈민정음 해례본》 후서後序로 대응을 해. 천지자연의 소리가 있으면 반드시 천지자연의 글이 있는데, 중국에서 이루어놓은 글자를 그대로 가져다 쓰게 되면 자연의 소리를 그것으로 다 나타낼 수 있느냐는 거지. 사람이 만들어놓은 문물제도나 그 밖의 것을 가져다 쓰는 데는 큰 어려움이 없을지 몰라도 '꼬끼요'라든지 '바스락바스락' 같은 우리 감각에 구체적으로 와 닿는 말들은 중국의 것과 너무 다르기 때문에 중국의 글자로는 나타낼 길이 없다는 거야. 섬세하고 미묘한 소리의 세계를 다 담을 수 없다는 거지.

정인지가 후서에 쓴 글 가운데 이런 말이 있어.

"동방의 우리 조선은 예악, 문물은 모두 중국과 비슷하나 말은 중국과 같지 않다. 글을 배우는 자는 그 내용이 이해하기 힘든 것을 걱정하고 고민하며, 옥사를 다스리는 자는 복잡한 글의 곡절이 통하기 어려움을 우려한다. 그 옛날 신라의 설총이 처음 이찰을 만들어 지금에 이르기까지 이것을 사용해왔다. 그러나 한자를 빌려 쓴 것이어서 아무리 쉽게 우리말 어순에 맞추어 쓴다 하더라도 어떤 때는 이해하는 데 어려움을 겪고 어떤 때는 말이 막힌다. 그것은 그저 식견이 좁고 황당무계하다고 말할 것이 아니다."

그러니까 입 밖에 내는 말 가운데 만에 하나도 한자로는 나타낼 수 없다는 거야. 글로 적은 것하고 소리로 입 밖에 내는 말하고는 그렇게 큰 차이가 있고, 많은 사람들이 입 밖에 나오는 소리로서 그 뜻을 알고 그것이 무언지, 이것과 저것을 가려보고 그 뜻이 무엇인지를 알게 되는데, 한문만 받아들이게 되면 소리의 세계는 모두 침묵 속에 잠기게 된다는 거야. 입말은 다 죽어버리게 된다는 거지.

"그래서 계해년(1443, 세종 25) 겨울에 우리 전하께서 예와 뜻을 들어 이름을 보여줬다. 이름하여 훈민정음이다. 바람소리라든지 학의 울음소리나 닭의 울음소리, 개가 짖는 소리까지는 한문이 못 나타내는데 훈민정음으로는 이것을 나타낼 수 있다. 삼라만상의 소리를 우리 귀에 들리는 대로 적을 수 있어야 되는데 중국말로는 못하지 않는가. 훈민정음 스물여덟 자로 나타내지 못하는 소리가 없다. 자연의 소리를 나타내지 못할 것이 없다."

　글말과 소리말이 다르다는 것을 이렇게 또렷이 밝힌 글은 그 당시 인류 역사에서 찾아보기 힘들어. 글로는 인문사회 현상은 그대로 드러낼 수 있지만 자연현상을 드러내는 데는 명백한 한계가 있는데, 우주의 운행이라든지 자연현상이 사실은 훨씬 기본이고 중요하지. 우리가 글말을 중국에서부터 받아들여서 법과 제도를 바로잡는다든지 사상의 줄기를 바로잡는다든지 이런 일은 할 수 있지만 이런 것만 가지고는 일반 백성들이 이용후생에 도움을 얻기 어렵다는 거야. 훈민정음 스물여덟 자는 이 풍부한 자연의 세계, 소리의 세계를 글로, 그림의 세계로 바꾸는 데 꼭 필요한 것이고, 이래야만 우리가 저마다 다른, 사람과 사람의 바른 생각을 드러낼 뿐만 아니라 사람과 자연의 관계도 제대로 그려낼 수 있다는 것이지.
　파릇파릇, 푸릇푸릇, 푸르스름하다, 시퍼렇다, 파르무레하다……. 훈민정음이 창제되고 난 뒤에 자연의 모습이라든지 자연에서 들리는 풍요로운 소리를 붙들어낼 수 있었어. 중국과는 전혀 다른 우리 말소리를 얼마나 많이 붙들어낼 수 있느냐는 〈동동〉, 〈가시리〉, 〈정읍사〉 같은 고려가요를 보면 알 수 있거든. 그러니까 훈민정음이 창제되고 널리 쓰이게 된 뒤에야 비로소 우리말이 제대로 꽃피기 시작한 거야.

세종은 왜 불경을
먼저 옮겼을까

　최만리 등의 반대에도 아랑곳하지 않고 세종은 집현전 학사들과 훈민정음을 만들어. 그런데 최만리가 올린 상소에 세종이 답을 하는 걸 보면 그 전부터 세종이 훈민정음을 만들기 위해 공부를 엄청나게 많이 했다는 걸 알 수 있어. 딴죽을 거는 벼슬아치들 몰래 세자(문종)와 수양대군(세조), 안평대군, 정의공주 같은 자기 피붙이들을 시켜서 집현전에서 몰래 훈민정음을 연구하고 훈민정음 창제 뒤에는 《석보상절》(1446, 세종 28)이라든지 《월인천강지곡》(1449, 세종 31)이라든지 하는 글을 직접 쓰고 그걸 우리 글로 번역을 하거든.

　그때는 신하들이 임금이 불교를 믿는다는 것을 받아들일 마음가짐

이 전혀 안 돼 있으니까 밖에서 몰래 해. 조선 초기 억불숭유抑佛崇儒라고 해서 불교에 대한 탄압이 말도 못하게 심했어. 정도전(鄭道傳, 1342~1398)이 《불씨잡변佛氏雜辨》이라는 책을 써서 머리 깎은 중놈들은 나라의 밥버러지고 몹쓸 놈들이라고 못을 박아버린 뒤로 그 전통이 죽 이어져 내려와. 왕실에서 불당을 짓는 일에도 선비들이 쌍지팡이를 짚고 못하게 했거든. 선비들이 상소를 엄청나게 올리고. 그런데 세종이 불교에 깊이 빠져들어서 《금강경》이라든지 《능엄경》 언해를 하기 시작해. 이런 비사祕史에 대해서는 불경 언해에 나와 있는 것들이 있다고.

맨 처음에 세종은 소헌왕후의 명복을 빌기 위해 수양대군을 시켜 정음으로 석가모니의 일대기를 담은 《석보상절》을 쓰게 해. 1446년, 훈민정음을 창제하고 3년 뒤의 일이지. 《석보상절》을 보고 난 세종은 500수의 시가를 담아 《월인천강지곡》을 써. 수양대군이 세조로 임금의 자리에 오른 뒤 이 두 권을 묶어서 《월인석보》를 내게 되지.

조선조 언해 사업은 세조 7년(1461)에 세조의 뜻에 따라서 불교 경전의 언해 작업을 본격적으로 추진하기 위한, 요즘 말로 국립 출판 기관으로 간경도감刊經都監을 설치하면서부터 시작되었거든. 《능엄경》이 언해된 것은 세조 8년(1462) 때야. 정인지가 한글 창제 이후에 3년 동안 연구해서 받침은 여덟 자로 충분하다고 정한 때로부터 16년 만의 일이지. 《능엄경언해》는 꽤 두꺼운 책이야. 모두 10권 10책으로 되어 있는데, 여기 받침을 보면 여덟 자로 한정되어 있지 않다고. 그때까지만 해도 아직 과도기여서 그랬을 거야.

세종은 훈민정음을 창제하자마자 우리말로 두 가지 일을 맨 먼저 시작하는데, 하나는 《용비어천가》를 짓는 일이고, 또 하나는 자기가 쓴 《월인천강지곡》을 번역하는 일이었어. 《용비어천가》는 세종이 조선왕조를 세운 데 공이 있다고 여기는 제 조상들의 공덕을 기린 긴 서사시야. 한편으로는 훈민정음의 권위를 높이면서 백성들에게는 이씨 왕조의 정통성을 널리 알리는 데에 목적을 둔 이 글의 2장을 눈여겨 봐. 그 유명한 구절.

불휘 기픈 남ᄀᆞᆫ ᄇᆞᄅᆞ매 아니 뮐씨 곶 됴코 여름 하ᄂᆞ니
시미 기픈 므른 ᄀᆞ무래 아니 그츨씨 내히 이러 바ᄅᆞ래 가ᄂᆞ니

앞에서도 봤지. 한자를 한 글자도 빌지 않고 우리말로만, 오롯이 이 땅에서 움튼 말로만 우리 뜻과 느낌을 그대로 드러낼 수 있음을 생생하게 보여주지 않아? 이 《용비어천가》는 한글 창제를 발표하기 1년 전에 마무리되었다고 해. 다른 한편으로 나중에 세조가 스스로 지은 《석보상절》과 함께 묶은 《월인석보》의 언해본, 이걸 언해 곧 우리말로 번역한 데에는 두 가지 노림이 있어. 하나는 《용비어천가》와 마찬가지로 임금이 쓴 글에 시비를 거는 놈들이 있으면 가만두지 않겠다는 으름장이고, 또 하나는 어차피 훈민정음을 나라의 공식 문서에 쓰는 것은 물 건너간 일로 보고, 500년 이상 나라 종교로 일반 민

중을 사로잡고 있는 불교 경전을 쉬운 우리말로 번역해서 한글 사용의 울타리를 넓히겠다는 뜻이었을 거야. 백성들이 억울한 일을 당해도 한자로 재판의 판결문이 적히면 무슨 죄로 어떤 벌을 받는지 모르게 아니냐는 세종의 백성 걱정은 해례본의 정인지 글에도 고스란히 드러나.

훈민정음 해례본 예의편을
다시 읽으며

우리 글로 쓰인 것 가운데서 명문을 둘 들라면, 《훈민정음 해례본》 예의편 서문과 주시경 선생이 쓴 《독립신문》 창간사를 들겠어.

나라의 말소리가 중국과 달라서 한자로는 서로 통하지 않으니, 이런 까닭에 어리석은 백성이 말하고자 하는 바가 있어도 결국 제 뜻을 실어 펴지 못하는 사람이 많으니라. 내 이를 가엾게 여겨 새로 스물여덟 글자를 만드노니, 사람들로 하여금 쉽게 익혀 날마다 쓰는 데 편하게 하고자 할 따름이니라.

《훈민정음 해례본》 예의편에는 이 잘 알려진 어제 서문御製序文과 홀소리와 닿소리에 대한 풀이가 실려 있는데, 세종이 훈민정음을 만든 뜻이 어디 있는지 뚜렷이 드러나 있어. 한자로 쓰인 이 글은 세조 때 나온 《월인석보》 첫머리에 이렇게 우리말로 번역되어 있지. 《월인석보》에는 한문과 우리 글이 같이 쓰여 있어.

國之語音 異乎中國 與文字 不相流通
故 愚民 有所欲言 而終不得伸其情者
多矣 予 一爲此憫然 新制二十八字
欲使人人 易習 便於日用耳矣

나랏말ᄊᆞ미 中國(듕귁)에 달아 文字(문쫑)와로 서르 ᄉᆞᄆᆞ디 아니 홀ᄊᆡ
이런 젼ᄎᆞ로 어린 百姓(ᄇᆡᆨ셩)이 니르고져 홇배이셔도 ᄆᆞᄎᆞᆷ내 제 ᄠᅳ들
시러 펴디 몯홇노미 하니라.
내 이롤 爲(윙)ᄒᆞ야 어엿비 너겨 새로 스믈여듧字(쫑)롤 밍ᄀᆞ노니
사ᄅᆞᆷ마다 ᄒᆡᅇᅧ 수비 니겨 날로 ᄡᅮ메 便安(뼌)킈 ᄒᆞ고져 홇ᄯᆞ르미니라.

《월인석보》를 보면 글자 옆에 점이 찍혀 있는데 점 하나, 점 둘은 높낮이, 길이 등을 구분하는 것이야. 평성은 점이 없어. 이런 사성은 사라진 지 오래라서 우리는 제대로 못 읽어. '쫑'에서 'ㅇ'은 소리값이 따로 없는 것이고. '이르고져 홇배이셔도'에서 '홇' 아래 히웅처럼 생

긴 것은 히읗이 아니라 가로 선 밑의 영이야. 이것도 사라졌어.

이 서문은 200자 원고지 한 장 분량의 명문이야. 나라 말씀이 중국과 다르다……. 우리나라에 한자가 들어온 것은, 세나라시대 때부터야. 그때부터 특히 지배계급이 쓰는 향찰이나 이찰, 구결 같은 데 쓰였지. 법률 조문이라든지, 명령이라든지, 공문서라든지, 재판 판결문이라든지 이런 문서를 작성하는 데에 한자가 깊숙이 들어와 쓰였어. 그런데 그 소리가 우리 말소리하고는 완전히 다르단 말이지.

이 한자말을 제대로 된 소리로 바꾸어내는 것도 굉장히 중요한 일

월인석보 권1~2, 서강대학교 소장 (사진 출처 : 문화재청)

이었어. 공문서만이 아니라 《천자문》이나 《논어》, 《중용》이나 《시경》, 《서경》이나 《대학》, 《맹자》 등 사서삼경을 읽을 수 있어야 아이들에게 가르치잖아. 그런데 발음이 자꾸 흩어진단 말이지. 통일된 게 없어. 게다가 국가 교육기관까지 저마다 한자음을 다르게 읽어버리면 뜻이 안 통하잖아. 그래서 그 발음을 하나로 굳히려고 《홍무정운》이라는 표준화된 음운 사전을 참고해서 세종 때 《동국정운》을 만든단 말이지. 우리말을 반절로 끊어내지 않고 첫소리, 가운뎃소리, 받침소리를 하나로 응축시켜서 발음하도록 만들었어. 《홍무정운》의 발음법을 발전시킨 거지.

최만리가 결사반대한 데도 이유가 없는 건 아니야. 최만리는 중국말이 훨씬 앞서 있다고 생각한 거야. 최만리를 따른 사람들 가운데도 음운학적으로 중국말이 앞섰다고 생각하는 사람이 많았어. 중국말은 상형문자고, 소리와 뜻이 유기적으로 결합된 거야. 하지만 우리말은 소리를 낱소리와 음절로 분해해버렸잖아. 예를 들어 '산'을 'ㅅ'하고 'ㅏ'하고 'ㄴ'으로 쪼개버린단 말이지. 그다음에 음절로 다시 결합하지만. 최만리는 이 과정이 너무 불편하고 저마다 흩어진 것들을 기계적으로 결합했다고 본 거야. 유기적인 세계관을 나타내는 중국말을 버리고 왜 원시적인 것으로 돌아가느냐고 항의하는 거란 말이지. 하지만 정치적인 속셈이 있다고 이야기했지?

3천 자에서 1만 자 이상의 한자를 알아야 제 뜻을 펼칠 수 있는 게 한문이야. 조선시대 학자 가운데 천재 중의 천재로 알려진 율곡 이이

조차도 한자에 대해서는 어려워했어.

민족문화추진위원회에서 《조선왕조실록》을 번역하던 조국원 선생한테서 들은 말이 있어. 부浮. 앞에서도 잠깐 이야기했지만, 한강에서 얼음을 뜬다, 전주 지방에서 종이를 뜬다 할 때 쓰는 한자야. 물에 뜬다는 부 자를 써서 부빙浮氷, 부지浮紙라고 썼어. 하지만 이 말을 모르고 한문을 쓰는 사람이 보면 얼음이나 종이가 물에 둥둥 뜬다고 생각할 수 있는 거야. 《조선왕조실록》에는 이런 조선식 한자가 부지기수로 튀어나와. 그만큼 우리말을 한자로 나타내기가 어려웠던 거지.

또 하나, 말소리가 중요하다고 했지? '말씀'이라고 했는데, 한자로 보면 말소리란 말이지. 자연음이 아니라 말소리야. 말소리가 중국하고 다르단 말이지. 그래서 서로 소통하지 못한다는 거야.

***

《훈민정음 해례본》 예의편 서문에서 눈여겨봐야 할 말이 있어. 한자로 쓰인 서문 두 번째 줄 뒤쪽에 있는 정情. 우리말로 옮길 때는 '뜻'이라고 옮겼어. '뜻'을 더 뚜렷이 드러내는 '의意' 같은 한자어가 있는데 세종은 왜 그걸 뒷전에 두고 '정'이라는 말을 썼을까?

우리말에 '미운 정 고운 정'이라는 말이 있잖아. 그 정. 정을 펼치는 데 말로 하는 거거든. 그래서 말이 중요해. 어떻게 글로 미운 정, 고운 정을 다 펼칠 수 있겠어? 말을 그대로 글로 옮겨놓으면 글이 된다는 뜻이 강하게 담겨 있어. 지배자의 의지를 관철하는 것이 아니라 민중들이 자기 가슴속에 품고 있는 걸 말로만이 아니라 글로도 주고받을 수 있게 한다는 거지. 그런데 실제로는 이것이 어렵지.

나중에 해례본에서 정인지는 세종이 훈민정음을 창제한 뜻은 백성들이 어려운 중국말로 말고, 아무리 머리가 나쁜 사람이라도 열흘 안에는 익힐 수 있는 우리말로 정을, 제 억울한 사연을 제 손으로 적어 송사(재판)에도 임할 수 있고, 나라에서 무슨 일로 바람벽에 방을 붙여도 제대로 알아볼 수 있게 하려는 데에 있다는 걸 밝혀.

해례본을 보면서 내가 가장 놀란 대목은 제자해制字解에 들어 있어. 특히 가운뎃소리(홀소리)를 설명하는 대목. 첫소리는 모두 목구멍에서 입술까지 입 모양을 흉내 내서 글꼴을 만들었노라고 되어 있거든. 자세한 건 여러 사람이 옮겨서 인터넷에 올려놓은 게 많으니까 그걸 보면 되겠고.

첫소리는 그렇다 치고 가운뎃소리 창제를 밝혀놓은 대목은 어찌 보면 참 황당해. 중국의 음양오행설과 천지인(天地人. 하늘, 땅, 사람) 삼재三才를 끌어들여. 둥근 하늘(·), 편편한 땅(ㅡ), 바로 선 사람(ㅣ), 이 세 바탕꼴로 가운뎃소리에 속하는 온갖 글자를 짜 맞추는 거야. 말하자면 형이상학 이론인데, 곁들여서 수비론數秘論에 가까운 수학 이론까지 끌어들여. '하늘이 위에 있고 땅이 밑에 있으면 오(ㅗ) 자를 이루는데 이건 으뜸꼴이고, 하늘과 땅이 제자리에 있는 모습이니 1이고 물을 낳는 자리다.' 이런 식이지. 이런 말이 논리적으로 뒷받침되려면 가운뎃소리가 적어도 1에서 10까지 차례로 놓여 있어야 하겠지?

ᅩ, ᅮ, ᅡ, ᅥ, ᆞ, ᅲ, ᅭ, ᅧ, ᅣ, ᅳ

'ㅗ, ㅜ, ㅏ, ㅓ, ㆍ, ㅠ, ㅛ, ㅕ, ㅑ, ㅡ'가 차례로 1, 2, 3, 4, 5, 6, 7, 8, 9, 10에 해당하거든[숫자를 음양으로 갈라서 쓰려고 했다손 치더라도 ㅗ, ㅏ, ㆍ, ㅛ, ㅑ, ㅜ, ㅓ, ㅠ, ㅕ, ㅡ(1, 3, 5, 7, 9 // 2, 4, 6, 8, 10)으로 갈라서 차례를 매겨야 했겠지]. 이 차례에서 ㅣ는 빠져. 수로 말하자면 0인 셈이지. 요즘 식으로 말하자면 사이비과학이고 엉터리 수론인 셈인데, 이런 엉터리없는(?) 음양오행설이 줄줄이 길게 펼쳐진단 말이야. 왜 그랬을까? 어쩌면 최만리 무리를 옥박지르기 위해서였을지도 몰라. 세종 임금께서 돌멩이(•)나 새끼줄(—)이나 작대기(ㅣ)로 홀소리를 만든 줄 아느냐? 이 단순한 글꼴에는 이런 심오한 뜻이 들어 있다. 그러니 찍소리 말고 입 다물어!

정인지 서序에는 딴소리도 있어. '(글자는 사물의) 생김새를 따라 만들되 글자꼴은 중국의 옛 전자古篆을 본떴다象形而字倣古篆'라고 적었는데, 이 말은 제자해에서 시시콜콜 밝힌 글꼴 만들기 과정과는 너무 다른 말이거든. 이것도 훈민정음 반대파를 의식한 말로 보여.

어쨌거나 훈민정음이 창제됨으로써 우리 민족은 '바람 소리, 학의 울음소리, 닭 우는 소리, 개 짖는 소리일지라도 모두 이 글자를 가지고 적을 수 있다'는 정인지 말마따나 사람의 말소리뿐만 아니라 천지자연의 소리까지 모두 글로 옮길 수 있게 된 거야. 세종은 참 대단한 일을 해낸 거야. 어디 그뿐이야? 훈민정음을 만든 뒤로 온갖 소리흉내말뿐만 아니라 짓시늉말도 마음껏 부려 쓸 수 있게 되었지.

조선의 언어학자 최세진,
한글을 다시 정리하다

세조 때 간경도감을 설치해 언해 사업을 시작한 뒤로 훈민정음은 백성들 사이에 널리 퍼져 나갔어. 성종과 연산군 시대에는 우리 글로 옮기거나 쓰인 책이 더 다양해졌지. 이때 《두시언해》가 나와. 왕의 명으로 당나라 시인 두보(杜甫, 712~770)의 시를 우리 글로 옮긴 책이야. 이 것이 초간본이고, 인조 때 중간본(1632, 인조 10)이 나와.

초간본과 중간본은 조금 달라. 중간본을 보면 앞서와 표기가 조금 달라진다고. 중간본에서는 방점과 'ㅿ'과 'ㆁ'이 사라져. 정음이 더 쓰기 편하도록 정리되고 현실에 맞지 않은 표기는 차츰 없어지는 거지. 초간본과 중간본 사이에서 정음을 새롭게 정리한 사람이 최세진이야.

최세진이 쓴 책들을 보면 지금 한글 표기와 크게 다르지 않아.

***

최세진의 책 가운데 가장 널리 알려진 것이 《훈몽자회訓蒙字會》(1527, 중종 22)일 거야. 어린아이들에게 한자를 가르치는 책인데, 나라 곳곳의 서당에서 이 책으로 아이들이 한자를 익혔지. 아이들에게 알맞은 한자 3360자를 골라 서른세 항목으로 분류해서 정음으로 음과 뜻을 달아 한자를 쉽게 배울 수 있도록 한 책이 《훈몽자회》야. 한자 교과서는 배우기가 어려웠는데, 정음을 가르치고 한자의 음과 뜻을 정음으로 옮겨서 한자를 쉽게 가르치니 서당의 교과서로 쓰였던 거야. 3권 1책으로 돼 있어.

《훈몽자회》에서 눈에 띄는 게 정음 하나하나의 이름이야. 이름을 붙여놨어. 기역其役, 니은尼隱, 디귿池末, 리을梨乙, 미음眉音, 비읍非邑, 시옷時衣, 이응異凝, 키箕, 티治, 피皮, 지之, 치齒, 싀而, 이伊, 히屎. 첫소리에 쓰이는 것들이지. 그런데 앞의 여덟 자와 뒤의 여덟 자가 다르지? 앞의 여덟 자는 두 자고 뒤의 여덟 자는 한 자야. 앞의 여덟 자 ㄱ, ㄴ, ㄷ, ㄹ, ㅁ, ㅂ, ㅅ, ㆁ은 '초종성통용팔자初終聲通用八字'라고 해서 처음과 받침에 두루 쓰고, ㅋ, ㅌ, ㅍ, ㅈ, ㅊ, ㅿ, ㅇ, ㅎ는 '초성독용팔자初聲獨用八字'라고 해서 첫소리로만 쓰여.

이 최세진은 받침으로 일곱 자만 써도 되는데 왜 굳이 여덟 자를 쓰라고 했는지 의문을 낸 사람이라고 했지? 디귿이나 시옷이나 받침에서 소리 날 때는 똑같잖아. 소리값이 같아. 그런데 왜 디귿과 시옷을 구별하여 받침으로 써야 할까? 훈민정음이 창제된 지 100년도 안 돼서 이런 의문이 나오게 돼.

훈민정음 제자해를 꼼꼼히 훑어보면 이런 대목이 나와. '(받침 여덟 자 가운데) 여섯 자는 한자와 우리말에 두루 쓰고 옷衣과 실絲의 ㅅ, ㄹ은 우리말에만 쓴다.' 이 말 눈여겨보아야 해. 최세진은 ㄷ과 ㅅ이 받침에서 소리값이 같은데, 굳이 왜 ㄷ을 받침으로 써야 하느냐고 투덜댔다고 했지? 그런데 세종은 ㅅ과 ㄹ을 우리말을 제대로 글로 바꾸는 데 꼭 필요한 것으로 보았거든. 이것은 우리말 쓰임에 받침 여덟 자가 저마다 어떤 구실을 하는지를 눈여겨보면 이해할 수 있어.

받침 ㄱ은 이름씨를 만들고
받침 ㄴ은 움직씨나 그림씨에 붙어서 현재 상태를 나타내고
받침 ㄷ은 수를 헤아리는 낱말임을 보여주고
받침 ㄹ은 움직씨에 붙어 미래나 추측을 드러내고
받침 ㅁ은 움직씨를 이름씨로 바꾸고
받침 ㅂ은 높임말임을 드러내거나 같음을 나타내고(곱다, 밉다처럼)
받침 ㅅ은 지난 적을 나타내고
받침 ㅇ은 흥겨운 소리흉내말에 쓰인다고.

***

닿소리 차례와 홀소리 차례를 우리가 지금 쓰고 있는 순서로 정한 사람이 최세진이라는 이야기를 했던가? 《훈몽자회》에 닿소리와 홀소리의 차례를 새로 정리해놓았지. 《훈민정음 해례본》에는 닿소리와 홀소리가 이런 차례로 되어 있어.

닿소리	
ㄱ(ㄲ), ㅋ, ㆁ	엄소리(牙音)
ㄷ(ㄸ), ㅌ, ㄴ	혓소리(舌音)
ㅂ(ㅃ), ㅍ, ㅁ	입술소리(脣音)
ㅈ(ㅉ), ㅊ, ㅅ(ㅆ)	잇소리(齒音)
ㆆ, ㅎ(ㆅ), ㅇ	목구멍소리(喉音)
ㄹ, ㅿ	반잇소리(半齒音)

홀소리	
ㆍ, ㅡ, ㅣ	기본자
ㅗ, ㅏ, ㅜ, ㅓ	초출자(初出字)
ㅛ, ㅑ, ㅠ, ㅕ	재출자(再出字)

이것을 최세진은 다음처럼 바꿔.

초성종성통용팔자	
ㄱ	엄소리(牙音)
ㄴ, ㄷ, ㄹ	혓소리(舌音)
ㅁ, ㅂ	입술소리(脣音)
ㅅ	잇소리(齒音)
ㅇ	목구멍소리(喉音)

초성독용팔자	
ㅋ	엄소리(牙音)
ㅌ	혓소리(舌音)
ㅍ	입술소리(脣音)
ㅈ, ㅊ, ㅿ	잇소리(齒音)
ㅇ, ㅎ	목구멍소리(喉音)

홀소리를 늘어놓은 차례도 《훈민정음 해례본》과 비교해보면 달라.
다시 되풀이해서 보여줄게.

홀소리	
·, ㅡ, ㅣ	기본자
ㅗ, ㅏ, ㅜ, ㅓ	초출자(初出字)
ㅛ, ㅑ, ㅠ, ㅕ	재출자(再出字)

최세진은 이렇게 바꿨어. 지금하고 똑같지?

ㅏ, ㅑ, ㅓ, ㅕ, ㅗ, ㅛ, ㅜ, ㅠ, ㅡ, ㅣ, ·

근대 이후에 우리말을 익히는 사람은 모두 닿소리를 기역, 니은, 디근, 리을, 미음, 비읍, 시옷, 이응……으로 발음하고, 홀소리를 아야어여오요우유으이로 발음했어. 최세진이 《훈몽자회》에 적어놓은 차례대로 한글 자모를 익힌 거야. 가갸거겨고교구규그기, 나냐너녀노뇨누뉴느니…… 하고 외웠던 기억이 나. 최세진이 늘어놓은 대로 따라 익히면 익히기 쉬워.

그런데 여기서 눈여겨보아야 할 대목이 있어. 왜 다른 닿소리의 처음과 끝은 ㅣ, ㅡ라는 중성홀소리가 이어주는데 ㄱ, ㄷ, ㅅ만 기역, 디근, 시옷으로 달리 발음될까? ㄴ, ㄹ, ㅁ, ㅂ, ㅇ, ㅈ, ㅊ, ㅋ, ㅌ, ㅍ, ㅎ은 니은, 리을, 미음, 비읍, 이응, 지읒, 치읓, 키읔, 티읕, 피읖, 히읗이라고 소리 내잖아. 두 번째 글자 앞에 홀소리 바꿈이나 닿소리가 없잖아.

그 까닭은 뜻밖에 단순해. 윽, 은, 옷에 걸맞은 중국 글자가 없어서 최세진이 어쩔 수 없이 한자 '役'은 소리를, '末'과 '衣'는 뜻을 빌려서 '역', '귿('끝'의 중세 국어)'과 '옷'으로 썼는데, 1933년에 조선어학회에서 '한글 맞춤법 통일안'을 만들 때 기윽, 디은, 시읏으로 바로잡아 다른 자모와 통일시키지 못한 탓에 오늘까지 이 나라 남녘에서 나오는 사전에서는 아직도 기역, 디근, 시옷이라고 쓰고 있어.

이것은 세종이 뜻했던 첫소리와 받침의 이름이 아니야. 첫소리이자 받침소리임을 한마디로 나타내려고 했던 최세진이 한자를 빌어서 이름을 지었기 때문에 이런 일이 벌어진 것인데, 조선어학회 학자들이 그걸 살피지 못하고 고지식하게 그대로 우리말로 옮겨놓았어. 그리고 그 뒤로 남녘에서는 국립국어연구원에서 나온 '표준국어대사전'에까지 고쳐지지 않고 그대로 이 명칭이 이어 내려오고 있어. 북녘에서 나온 《조선말대사전》에서는 기윽, 디은, 시읏으로 다른 이름과 한가지로 통일되어 있다는 것도 이참에 알아두기 바라.

최세진은 정음에도 관심이 많았지만 당시 최고의 역관譯官이었어. 요즘 말로 하면 통역을 맡은 외교관이지. 중국어를 정확하게 옮기는 일이 굉장히 중요해서 세종 때 만든 《사성통고四聲通攷》같은 운서韻書도 보완해서 낸 사람이야. 이런 사람이었으니 변두리나 시골 사는 사람들까지 한자를 익힐 수 있도록 언문諺文 자모字母를 써서 배우기도 쉽고 가르치기도 쉬운 한자 교과서를 만들 수 있었겠지. 지금까지 한글이라는 이름으로 우리 글이 죽 이어져 내려와 글로 세상 만물을 드러내고 내 뜻을 알릴 수 있게 된 데는 조선의 뛰어난 언어학자 최세진이라는 사람이 있었다는 걸 잊지 말았으면 좋겠어.

조선어학회, 사전 만든다고
말 뭉치를 모았을 때

우리 글로 쓰인 것 가운데서 명문을 두 가지 들라면, 《훈민정음 해례본》예의편 서문(번역본)과 주시경 선생이 쓴 《독립신문》창간사를 들겠다고 했지? 봐, 아주 명문이야. 《독립신문》창간사를 읽어보면 놀랍게도 못 알아들을 말이 별로 없지?

독 닙 신 문

데일권 · 데일호

조션 셔울 건양 원년 사월 초칠일 금요일

광고

독닙신문이 본국과 외국
소정을 자셰이 긔록홀터
이요 정부속과 민간
소식을 다 보고 홀터이
요 정치상일과 농수 장수
의술상 일을 얼만큼식 우리가
신문상에 긔록홈

잡보 얼마큼식 우리 쥬의를 미리
말숨호여 아시게 호노라 우리는
첫지 편벽 되지 아니호고로 무숨
당에도 상관이 업고 상하귀쳔을 달니
디졉 아니호고 모도죠션 사람으로만 알고
죠션만 위호며 공평이 인민의게 말홀터인디
우리가 셔울 빅셩만 위홀게 아니라 죠션
젼국인민을 위호여 무숨일이든지 디언호여
주랴홈 졍부에서 호시는일을 빅셩의게 젼홀터이요
빅셩의 졍셰을 졍부에 젼홀터이니 만일 빅셩이
졍부일을 자셰이 알고 졍부에셔 빅셩에 일을 자셰이
아시면 피초에 유익호 일만히 잇슬터이요 불평호
모음과 의심 호는 성각이 업셔질 터이라 우리가 이신문
출판 호기는 취리호랴는게 아닌고로 갑슬 헐허도록 호엿고
모도 언문으로 쓰기는 남녀 상하귀쳔이 모도 보게홈이요 또 귀졀을
떼여 쓰기는 알어 보기 쉽도록 홈이라

논셜

우리가 독닙신문을 오늘 처음으로 출판호는디 죠션속에 잇는 니외국 인민의게 우리
쥬의를 미리 말숨호여 아시게 호노라

우리는 첫지 편벽 되지 아니호고로 무숨 당에도 상관이 업고 상하귀쳔을
달니 디졉 아니호고 모도 죠션 사람으로만 알고 죠션만 위호며
공평이 인민의게 말홀터인디 우리가 셔울 빅셩만 위홀게 아니라 죠션
젼국인민을 위호여 무숨일이든지 디언호여 주랴홈

요즘 글쓰기와 다른 점이 있다면, 마침표가 없어. 그리고 받침소리에 쌍닿소리(쌍자음)가 들어간 것이 딱 두 자일 거야.

《독립신문》이 나올 때까지는 받침으로 여덟 자나 일곱 자만 쓰는 전통이 죽 이어져왔는데 그 뒤로 조선어학회 학자들이 연구에 연구를 거듭해서 《훈민정음 해례본》에 '종성부용초성'이라는 구절이 있는 것을 꼬투리로 해 받침을 잔뜩 늘어놓았잖아, 1933년에. 훈민정음이 처음 만들어졌을 때는 첫소리에 쓰는 것을 받침소리에 다 쓴 적이 있어. 그 뒤 1446년에 받침소리가 여덟 자로 바뀌었는데, 조선어학회 학자들이 1940년에 발견된 해례본을 보지 못한 상태에서 맞춤법 통일안을 만들었기 때문에 첫소리에 쓰이는 닿소리는 받침소리에도 그대로 쓴다는 글귀만 보고 후퇴해버린 측면이 있는 거지. 최세진의 경우에는 왜 여덟 자를 받침소리로 뒀는지 모르겠다고, 자기는 다섯 자가 받침소리로 가는 이유를 모르겠다고 했는데.

앞에서 이야기했듯이 "종성부용초성"은 두 가지 해석이 가능해. 따로 받침을 위해서 글자를 만들 필요가 없다, 첫 글자에 썼던 닿소리를 받침으로 써도 된다고 해석하는 사람도 있고. 첫소리에 쓰인 글자는 모두 받침으로 쓸 수 있다고 해석하는 사람도 있고. 그런데 ㄱ, ㄴ, ㄷ, ㄹ, ㅁ, ㅂ, ㅅ, ㅇ으로만 쓰던 받침을 ㅈ, ㅊ, ㅋ, ㅌ, ㅍ, ㅎ까지 늘려놓은 조선어학회 학자들의 머릿속에는 무슨 생각이 오갔을까? 그 말줄기(어간)에 대한 집착은 어디에서 왔을까?

'엎어지다'를 '어퍼지다'라고 써도 되잖아. 아마도 한문의 영향이

클 거야. 한자는 뜻과 소리가 분리되지 않은 채 유기적으로 통합이 돼 있잖아. 우리도 뜻과 소리를 하나로 뭉치려고 애썼을 수 있어. 그러니까 밤이 '깊어'에서 '기퍼'라고 해도 되는데 '깊어'라고 하지. 이 그림씨의 기본 꼴을 '깊다'로 잡아놓고 어간을 '깊'으로 보았는데, '깊'에서는 피읖으로 소리가 안 나거든. 그런데 나중에 보니까 '기퍼'라고 할 때는 피읖 자 소리가 나니까 '기'에 피읖 자를 붙여서 뜻과 소리가 한 글자에 뭉쳐 있도록 했다고 생각하지 않았을까?

최만리 일파가 중국말은 소리와 뜻이 유기적으로 결합되어 있지만 훈민정음은 그렇지 않다고 비판했는데 그 나름으로는 합리적으로 공격한 거야. 사대주의적인 생각으로만 훈민정음을 비판한 건 아닐 거라고. 음운에 대해서는 세종만큼은 몰랐지만 중국 어음에 대해서는 최만리 일파가 깊이 꿰뚫어본 측면이 있어. 세종과 집현전 학자들이 처음에는 첫소리를 모두 받침소리로 쓴다고 했지만, 나중에 그것이 우리 음운 법칙을 깨는 측면이 있다고 보아 받침소리의 발음을 여덟 자로 한정했다는 사실을 조선어학회 학자들은 깊이 생각하지 않았어. 음절 곧 소리마디보다는 형태소, 글꼴에 더 매달리는 게 말보다 글을 더 앞세우는 학자들이 보이는 모습이라고 할 수 있어.

*　*　*

받침소리 여덟 자 각각은 어떤 기능을 할까? 저마다 맡은 구실이 뭐였을까? 받침소리 여덟 자가 뭐지?

ㄱ, ㄴ, ㄷ, ㄹ, ㅁ, ㅂ, ㅅ, ㅇ

훈민정음을 만들었을 때는 이런 차례가 아니었어. 나중에 최세진이 이런 차례로 다시 정리했다고. 그러니까 본디 차례는 다르다는 걸 앞에서 이야기했지? 처음부터 과학적으로 정리했다면, 아이들 입에서 가장 먼저 나오는 차례, 곧 가장 쉬운 소리부터 정리하는 것이 옳았을 듯한데, 그것은 생각하지 못했던 것 같아.

제주도에서 나무를 뭐라고 하지? '낭'이라고 그러지. ㅁ과 ㄱ 받침이 뭉쳐서 나는 소리야. 그게 낭이라고 발음돼. '낭기', '낭구'……. 일본 글자 가나처럼 홀소리가 뒤에 붙어 있었을지도 몰라. '나무기'라든지 '나마기'라든지.

또 토박이말 가운데서 ㄱ 받침으로 끝나는 말이 뭐가 있을까? '쏙'. 싹이라고 하지. 우리말에서 받침이 ㄱ으로 끝나는 이름씨는 움직씨와 그림씨로 바꾸기 힘들어. 그러니까 ㄱ 받침은 뒤에 따르던 어떤 홀소리가 사라졌는지에는 아랑곳없이 우리말에서 이름씨임을 드러내는 거야.

ㄴ이 받침소리로 쓰일 때는 어떤 기능을 할까? '예쁜 꽃', '나쁜 놈' '좋은 술' 할 때, 곧 꾸밈씨(관형사)를 나타낼 때 ㄴ이 붙어. 최현배 선생이 관형사를 꾸밈씨라고 했지. 또 ㄴ은 움직씨에 받침으로 붙을 때

그것이 현재 진행형임을 드러내는 아주 중요한 몫을 맡기도 해. 간다, 온다처럼.

ㄷ은 어떤 기능을 하는 받침이었을까? 최세진은 ㄷ 자를 왜 받침으로 했을까 골치 아파했다고 이미 이야기했지? 받침소리 ㄷ이 쓰인 말 가운데 아직까지 남은 거의 유일한 말이 '낟알'이라고도 했어. 나머지는 모두 ㅌ 받침으로 바뀌어. 이를테면 '낱낱이' 할 때는 ㅌ 자로 써버려. '낟낟이'라고 할 수도 있는데, 수를 세는 말인 섣(셋), 닫(다섯), 엳(여섯)도 사라졌지. 사람에게 헤아림은 굉장히 중요해. 남는 것을 서로 바꾸고 필요한 것을 나누어 쓸 때 하나 둘 헤아려야 하지. 속으로 헤아리는 것도 중요해. '너 속셈이 뭐냐?' 하잖아. 내 생각으로 ㄷ은 그것이 받침으로 붙는 말은 ㅅ과 소리값이 같지만, 수를 헤아릴 때 쓰는 말임을 알리는 뜻에서 붙인 것 같아.

ㄹ은? 움직씨에 붙어서 미래의 뜻을 나타내. 짐작이나 마땅함을 나타내기도 하지.

그다음에 ㅁ. 움직씨를 이름씨로 굳히는 거. 《독립신문》 창간사에도 나오지.

그다음에 ㅂ은? 청유형이나 명령형 움직씨 끝맺음하는 데 쓰고, 또 높임말에도 쓰지? 하시압. 또 곱다, 밉다처럼 '-ㅂ다'는 같다, 닮았다는 뜻을 나타내기도 한다고 했지?

ㅅ은? 지난 일을 나타내는 움직씨하고 연관해서 받침소리에 쓰인 예들이 많이 드러나. 물론 그림씨를 움직씨 비슷하게 만들 수도 있어.

ㅅ은 움직임을 시간과 공간 속에서 고정시키는 역할을 해.

그다음에 ㅇ은? ㅇ은 우리말에는 워낙 없었던 거라고 봐. 중국 소리 를 우리 소리로 바꿔내는 데 필요한 말이었어. 외래어를 쓸 때. 우리 말에서 ㅇ이 의성어, 의태어에서 흥을 돋우는 소리로는 쓰인 적이 있 어. 콧노래라는 말도 있고 흥타령이라는 말도 있을 정도로 고려가요 같은 노랫말에 많이 나타나는데, 나머지 말에서는 좀처럼 찾아보기 힘들어.

***

우리나라 말에서 '한글 맞춤법 통일안'이 나온 뒤로 글쓰기가 힘들 어질 만큼 맞춤법이 어려워졌다고 했지? 한자처럼 한 자리에 묶어버 렸으니까. 이를테면 '기피', '노피', '안자요', '안 해요' 해도 될 걸 굳 이 '깊이', '높이', '앉다', '않다'로 쓰게 했단 말이야.

조선어학회 학자들이 1940년 안동에서 발견된 해례본을 보지 못한 채로 받침을 정비하고 한글 맞춤법 통일안(1933)을 내놓은 게 문제라 는 말은 앞에서도 했어. 그때 첫 글자는 모두 받침으로 써도 된다고 생 각했을 거야. 학자들이었잖아. 조선어학회에서 함께 연구하던 사람들 이 학자들이었는데, 그 가운데 박승빈 같은 사람은 예외고 나머지 사 람들은 일제의 탄압을 무릅쓰고 조선어학회에 모여서 우리말을 연구 하기 시작했단 말이지.

그런데 나중에 이 사람들의 성과가 사전 편찬으로 나타나. 우리말
본을 정리하고 정리된 말본으로 조선어사전편찬회를 조직해서 《조선
어사전》을 편찬해. 이때 사전편찬위원들을 뽑았는데, 이 편찬위원들
의 출신 성분에도 문제가 있었어. 북녘에서는 김두봉 선생(1889~1961)
이 《깁더 조선말본》을 만들었고('깁고 더한'을 줄여서 깁더라고 했지) 남녘
에서는 최현배 선생이 우리말본을 썼는데, 각각 북녘과 남녘의 말본
책의 기초가 되었지.

김두봉 선생, 최현배 선생 둘 다 주시경 선생의 제자야. 주시경 선
생은 서재필 박사에게 배재학당에서 영어를 배웠는데, 그래서 주시경
선생은 우리말본을 정리할 때 영어 말본에 많이 기댔어.

우리말 움직씨나 그림씨는 '뭐뭐 하고 뭐뭐 하고 뭐뭐 했다'라고 마
지막 말이 과거를 나타내는 말로 끝나면 나머지 모두 소급해서 과거
가 되고, '뭐뭐 하고 뭐뭐 하고 뭐뭐 하고 뭐뭐 할 것이다'라고 마지막
말이 미래나 추측을 나타내는 말로 끝나면 나머지 모두 미래나 추측
으로 바뀌는 특성이 있지. 하지만 영어는 그렇지 않아. 영어는 시제를
세밀하게 나누어서 대과거, 과거완료, 현재완료, 반과거, 현재 등등 때
의 흐름을 잘게 토막 내서 예민하게 다룬다고.

우리말은 영어와는 달리 때의 흐름이 그렇게 중요하지 않아. 한 해,
네 철, 열두 달, 스물네 절기, 하루, 참, 나절은 해마다 되풀이되고 삶
의 틀이 크게 바뀌지 않기 때문에 지난 날, 지지난 날, 지지지난 날, 얼
마 앞선 날, 막 닥친 날, 올 날, 올뚱말뚱한 날, 곧 닥칠 날, 조금 있다

올지 말지 할 날 따위로 때의 흐름을 갈라보지 않아도 사는 데 큰 걸림 돌이 없었어. 그래서 어제(과거), 이제(현재), 아제(미래)를 제멋대로 섞어놓아도 말을 알아들을 수 없는 일은 드물었다는 거야. 이를테면 '어제 광화문에 갔는데, 내가 아는 사람이 보여. 모르는 척할까 하다가 여하고 손을 들었지. 그쪽에서도 알아보긴 하는데 긴가민가하나 봐. 우물쭈물하더라고…….' 이렇게 말해도 못 알아들을 사람이 없어. 아마 이런 말을 영어로 번역하자면 큰 재난일 거야.

주시경 선생이 살아 있을 때만 해도 우리말본이 서구 말본 체계를 그대로 본뜨지는 않았어. 우리말본이 서구 말본에 따라 굳은 틀을 갖추게 된 데에는 최현배 선생의 입김이 커. 좋은 점도 있고 나쁜 점도 있어. 우리말의 틀을 어엿한 모습으로 짜려고 애썼다는 것은 인정해야 해. 최현배 선생의 《우리말본》은 해방 뒤로 이 나라에서 나온 가장 짜임새 있는 말본책이었으니까.

시대 배경도 살펴야 해. 제국주의 일본이 나중에는 '내선일체內鮮一體'를 부르짖으면서 '조선어 말살' 정책을 쓰잖아. 그러니까 일본어가 '국어' 탈을 쓰고 우리말은 '조선어'로 불리면서 교육과정에서 점점 배우는 시간을 줄이다가 나중에는 아예 쓰지도 못하게 했단 말이지. 그런 어려운 상황에서 우리말을 지키려고 애써온 학자들 가운데 한 무리는 항일 독립운동을 하러 압록강을 건넜고, 한글 연구와 보급은 나쁜 생각을 퍼뜨리는 '불온 선인'으로 낙인찍히는 지름길이었으니, 우리말 우리 글을 지키는 일은 남아 있는 사람들에게 남몰래 하는 지

하 작업이 될 수밖에 없었어. 그나마 시인들과 소설가들이 겨우겨우 우리말을 지키고 퍼뜨리는 일을 맡아주어 우리말 숨결이 이어졌다고 봐야겠지.

조선어학회에서 조선어사전편찬위원회 위원들을 뽑을 때 나름으로 지역말을 배려하려고 애쓴 흔적은 보여. 인구의 크기에 비추어 편찬위원 수를 배당했거든. 그런데 문제는 편찬위원들이 서울, 경기 지역에 편중되었다는 거야. 전체 위원 75명 가운데 서울, 경기 지역 위원이 38명으로 절반이 넘었어. 그 38명 가운데서도 서울 지역 위원이 29명이나 됐지.

이게 뭘 뜻하는지 알아? 서울은 아다시피 500년 넘게 조선왕조의 수도였어. 그리고 그 안에 사는 사람들 가운데 사전편찬위원으로 뽑힌 사람들은 '배운 사람'들, 다시 말해서 먹물들이었겠지. 그 말은 이래저래 거의 모두 양반 가문에 대대로 벼슬살이를 한 사대부 출신 후손들이었을 거란 이야기야. 이 사람들 머리에 들어 있는 낱말들은 거개가 한자어로 이루어진 관념어들이었을 거고. 그런데 우리말은 거개가 자연 속에서 움트고 자랐거든. 소리흉내말, 짓시늉말뿐만이 아니야. 살림살이에 연관된 말들은 거의 죄다 수만 수천 년을 두고 이 땅에서 대물려 이어져온 토박이말이었을 거야. 땅 이름만 해도 그래. 앞서도 이야기했지만 흑석동, 현석동은 돌멩이가 까매서 검은돌(흑석동), 검은돌(현석동)이 아니고 한강물이 감고 도는 곳이어서 '감은돌이'였고, 온 나라에 널려 있는 '사천沙川'이라는 땅 이름도 본디 모래밭 위로 흐르는 시냇물이어서 '모래내'였어.

이걸 자연에서 동떨어져 한자로 쓰인 글만 들여다보고도 떵떵거리며 잘 살던 먹물들이 죄다 한자말로 바꿔치기하지. 하루 이틀 사이에 이루어진 일은 아니야. 거슬러 올라가면 1500년 전부터 시작된 거지. 힘센 놈들이 저보다 더 큰 힘을 휘두르는 나라에서 들어온 말로 제 나라 백성들을 겁주고 주눅 들게 해서 제 나라 말을 상스러운 것, 무지렁이들이나 쓰는 사투리로 여기고, 물 건너온 말은 고상하고 교양 있는 사람들이 쓰는 말로 여겨 너도나도 본뜨게 한 역사가. 서울과 경기 지역의 중산층이 쓰는 말을 표준말로 정했다는 것에서 우리말 사전이 외래어 사전이나 진배없는 꼴을 갖추겠구나 하는 불길한 낌새가 있었는데, 지역을 대표한다는 편찬위원들도 거기서 거기였을 거라는 말이지. 배운 사람들, 한문이나 일본말을 뜨르르 꿰고 있었던 사람들, '신학문'에 취해 있던 사람들, 이 사람들은 우리 낱말에 어두울 뿐만 아니라 우리말의 쓰임에도 어두운 사람들이었다고 보아야 해.

그 사람들이 사전에 올린 말들은 살림하고 연관이 없는 말이 대부분이었어. 거의 모두 개념어들이야. 일반 사람들이 마을에서 서로 주고받는 말하고는 동떨어진 개념어. 방언이라고도 하고 사투리라고도 하는 지역말들하고는 동떨어진 말들이었단 말이지. 그런데 우리 토박이말은 이 땅에서 자라온 거거든. 어떤 말들은 수만 년 된 것도 있고, 어떤 말들은 수천 년 동안 세월의 무게를 견뎌오고 이겨낸 말들이라는 거지. 살림살이에 꼭 필요하고, 자연과 함께 살고 사람들끼리 살림을 하는 데 꼭 필요한 말들이 이 땅에서 오랫동안 뿌리내리고 꽃피고 열매 맺었단 말이지. 시골 사람들이 사는 생활공간 속에서 저마다 움트고 간직된 말이란 말이지. 그런데 서울, 경기 사람들은 이 말들을 모르니까, 더구나 먹물들은 생산에 참여해본 적이 없으니까, 한자를 익혀서 벼슬도 하고 일쩍부터 중국 유학도 하고 일본 유학도 하고 일본을 통해서 짜깁기한 한자어들을 받아들이고 그랬을 테니까 쓰는 어휘에 한계가 있었다고.

지방에서 뽑힌 사람들도 사정은 거의 같았을 거란 말이지. 당시에 배운 사람들이었을 테니까. 배운 사람들은 생산자 계급에 속하는 사람들이 아니거든. 농민이나 어민이나 이런 사람들과 상관이 없는 사람들이 편찬위원으로 뽑혔을 거라고. 그래서 조선어학회에서 사전을 만든다고 말 뭉치를 모았을 때 그 말들 10개 가운데 7개나 8개의 낱말이 한자어로, 개념어로 채워졌을 거야. 이런 한계가 있어.

우리나라에서 아직까지 제대로 된 어원 사전, 말본 사전이 나오지 못하고 있는 까닭 가운데 하나가 우리말을 제대로 아는, 지역에 뿌리내린 사람들이 드물었다는 데에도 있어. 지금은 사정이 더 나빠졌다고 봐도 돼. 하지만 앞으로 기대할 것이 있어. 지금 남녘과 북녘 학자들이 편찬하고 있는 《겨레말큰사전》이야. 들리는 말로는 이 사전에는 그동안 사투리, 방언이라고 해서 홀대받고 사전에 오르지도 못했던 지역 표준말들을 비롯해서 우리말을 많이 찾아서 올린다고 하더군.

우리 글이 없었다면 우리는 어떻게 되었을까?
일제강점기가 더 길어져 말까지 식민화되었다면
우리는 어떻게 되었을까?

5장

더 많은 우리가
우리말로 살았으면
좋겠어

먹물들이 쓰는 말

이 나라 먹물들 압록강 건너가
진리 허위라는 말 애써 배워 와
진리 탐구와 허위 배척에 머리 싸맨다.
대학 강의실에서, 학술 대회에서, 인문학 강좌에서
힘센 나라가 힘을 실어준 말
내 나라 사람들은 아무리 귀담아들어도
알아들을 수 없는 말 잔뜩 늘어놓으면서
멀쩡한 사람을 바보 만든다.
참말이 무엇인지, 어떤 때 거짓말이라고 하는지
새 살배기도 알아듣고, 까막눈 시골 할매도 알아듣는
쉬운 우리말로 물으면
꿀 먹은 벙어리가 된다. 얼굴 붉히고 눈알 부라린다.
진리 탐구에 여념 없고 허위 배격에 몸 바친 자기에게
쓸데없는 질문을 해대서 신성한 학문의 권위를 모독한다고
삿대질하고 당장 꺼지라고 소리 지른다.
참말이 무엇인지 거짓말이 무엇인지

똑 떨어지게 대꾸하지도 못하는 것들이 되려
큰소리치는 세상.

아 이것들아
있는 것을 있다고 하고 없는 것을 없다고 하면 그것이 참말이여.
인 것을 이라고, 아닌 것을 아니라고 하는 것이 참말이여.
있는 것을 없다고 하거나 없는 것을 있다고 하면 거짓말하는 것이제.
인 것을 아니라고 해도, 아닌 것을 이라고 해도 거짓말이제.

압록강 건너고 현해탄, 태평양 건너 배로 실어 온 말로는
참세상, 민주 세상 이룰 수 없어.
'정신이 비정상'이라고?
이런 말도 안 되는 소리는 얼빠진 놈이나 넋 나간 년 입에서나
나오는 말이여.
안 그래?

토박이말은 살아 있지,
어떻게 살아남았을까

온갖 짓밟힘과 구박 속에서도 지역말은 아직 살아 있어. 어떻게 살아남았을까?

우리 지역말을 가장 먼저 연구하기 시작한 사람들은 일본 학자들이야. 드러내놓고 조선을 식민화하려고 했고, 지역마다 식민지 관료들이 들어가야 하고 그 지역 말로 이야기를 주고받아야 통치가 원활할 테니까 연구를 하는 거지. 제주도 방언부터 시작을 해.

생물에 대한 조사도 많았어. 바닷물고기들을 각 지역 사람들은 어떻게 부르는가, 우리나라에서 자생하는 나무는 어떤 종류가 있고 이름은 무엇인가, 이런 것들까지 세밀하게 조사를 해서 그림도 그리고 책으로도 만들어. 이런 일들은 모두 식민지 경영을 위한 준비 작업이었다고 보면 된다고.

우리 향가를 맨 먼저 연구한 사람도 일본 사람이야. 오구라 신페이小倉進平라고, 이두를 맨 먼저 해독하고 향가를 연구해. 그다음에 연구한 사람이 국어학자 양주동 선생(1903~1977)이야.

그래도 이 사람들이 우리나라의 지역말을 조사하고 기록으로 남겨 놨다는 것은 소중하게 받아들여야 해. 그동안 많은 말들이 없어졌으니까. 이 사람들한테 자극을 받아 조선어학회 학자들도 지역말 연구를 계속해서 지역말들이 상당히 많이 모여 있어. 제주도 말에 대해서는 관심 있는 사람이 많고, 제주도 출신 국어학자들이 뒤를 이어받아 연구하고 있고. 그래도 많은 지역말들이 안 쓰니까 사라져버렸어. 그 지역 말을 쓰던 할아버지, 할머니들이 돌아가시면서 많은 아름다운 우리말들이, 아름다운 토박이말들이 사라져버렸어.

이 밖에도 사라지는 말들을 사라지지 않도록 붙들고 늘어진 사람들이 있어. 벽초 홍명희(1888~1968) 같은 소설가, 만해 한용운(1879~1944) 같은 시인이나 김소월(1902~1934) 같은 시인. 홍명희 같은 경우에는 《조선일보》에다가 1928년부터 1939년까지 12년에 걸쳐서 《임꺽정》을 연재해. 12년을 연재한 건 대단한 거야. 기록적인 일이야. 그런데 그 연재를 조선총독부에서도 막지 못했어. 조선 사람들이 워낙 좋아하니까, 역사소설로 쓰인 거라서. 그렇게 해서 밑바닥 정서를 소중하게 여긴 홍명희 같은 작가의 품안에서 소중한 우리말이 지켜졌어.

《임꺽정》을 쓴 홍명희라든지 《삼대》를 쓴 염상섭(1897~1963)이라든지 《탁류》를 쓴 채만식(1902~1950)이라든지 이런 작가들은 도시에서 자란 작가들과는 달랐어. 홍명희는 충북 사람이잖아. 채만식은 전북 사람이고. 이 사람들은 토박이말을 표준어로 편입시키는 데 큰 보탬을 준 사람들이란 말이지. 기록물에만 의존해서 올림말을 뽑던 조선어사전편찬위원회 사람들은 시골 사람들이 쓰는 말은 모르지만 문학작품에 적힌 말은 알잖아. 그렇게 해서 우리 토박이말들이 명맥을 이어.

일제강점기 당시 국어는 일본어였고, 조선어는 점점점점 쓰지 못하게 억눌렸다가 1940년부터는 창씨개명을 강요받고 조선말을 쓰면 벌을 받아서 우리말을 쓸 기회가 없었어. 그때 먹물들은 일본말로 이야기를 주고받고 글도 쓰고 그랬어. 우리말을 그대로 살려 쓴 사람들은 시골에서 농사짓는 사람들, 고기 잡는 사람들뿐이었어. 학교에서도 나중에는 조선말, 우리말을 못 쓰게 막았잖아?

조선어학회 학자들이 사전을 편찬해서 내는 데에는 몇 가지 아쉬움이 있었지만 그래도 그 일은 아주 소중했어. 그런데 사전 편찬이 우여곡절을 겪어. 1942년에 사전을 편찬하던 정태진이라는 사람이 일본 경찰에 끌려가. 함흥에 있던 여학교 학생이 조선어를 쓰다가 걸려서 일본 경찰에 취조를 받다가 정태진 이름이 나와서 엮인 거지. 이 사건으로 조선어학회까지 독립운동을 하는 단체로 몰려 조선어학회 학자들이 끌려가 재판을 받고 갇히게 돼.

그러면서 조선어학회에서 《큰사전》을 만들려고 두었던 말 뭉치가 사라졌다가 우연한 계기로 서울역(당시 경성역) 창고에서 발견되었지. 《큰사전》이 나오기 전에 문세영이라는 사람이 1938년에 《조선어사전》을 만드는데, 문세영이 독자적으로 꾸준히 말 뭉치를 모아서 펴냈다는 설도 있고 조선어학자들의 말 뭉치를 훔쳐서 냈다는 설이 있어. 나는 문세영이 말 뭉치를 훔쳐서 그 책을 냈다고 보지는 않아. 그 나름으로 애써서 만든 사전이고 그때로서는 좋은 사전이었어.

갑오개혁(1894~1896, 고종 31~33), 일제강점기(1910~1945)에 또 다른 조선어 사전들이 나오기도 했어. 프랑스 사람이 프랑스말로 조선어 사전을 만들고, 제임스 게일James S. Gale이라는 선교사가 1897년에 한영사전을 펴내기도 했어. 이 사람들이 우리나라에 와서 교육기관도 설립하고 교육도 하고 여러 좋은 일을 했다고 하지만, 이건 어떤 나라를 식민지로 경영하기 위한 전초전이라고 보아도 돼. 이걸 고맙다고 여긴다든지 우리를 근대화시키는 데 공이 컸다든지 하는 식으로 생각해서는 안 돼.

조선어학회 사건이 1942년에 터지고 나서 사전을 못 만들고 있다가 우여곡절 끝에 말 뭉치를 찾아 1947년에 《큰사전》 첫 권을 내고, 1949년에 둘째 권, 한국전쟁과 한글 파동을 겪은 뒤 1957년에 완간되었어. 당시 대통령 이승만하고 교육부장관 안호상이 고집 센 조선어학회 학자들이 소리 나는 대로 글을 써야 한다는 자기 말을 받아들이지 않는다고 《큰사전》 출간에 드는 비용을 지원했던 록펠러 재단의 원조를 방해해서 사전 편찬이 늦어졌다는 이야기도 있어. 그게 이른바 한글 파동이야.

***

　우리말을 제대로 아끼고 우리말을 되살리고 학자들이 게으름을 피우는 사이에 우리말을 꾸준히 연구한 사람들이 있어. 그이들은 대학에 몸담은 사람이 아니야. 최한룡이라는 분은 1300쪽 이상 되는 책 《울고 싶도록 서글픈 한국어학의 현실》(1999)을 썼어. 최한룡 선생은 우리나라에 들어온 한자어의 발음과 입성, 거성, 상성, 평성 등 소리의 고저장단을 제대로 밝힌 우리말 발음 사전이 없는 걸 한탄하면서 이 책을 썼지. 지금 방송에서 나오는 한자어 발음이 죄다 엉터리다, 70퍼센트 이상은 엉터리로 발음하고 있다고 하고. 그런데 이 책을 학자들이 안 보는 거야. 왜냐하면 최한룡 선생이 고등학교까지밖에 안 나온 재야 학자였거든. 재야 학자라고 하면 깔보게 되지.

　내가 《한겨레》에다 최한룡 선생하고 하오 정경해 선생 두 사람에 대해 특별 기고를 했어. "상소리 '교양학'(?)"이라는 제목으로. 최한룡 선생은 농협 직원이었고, 정경해 선생은 초등학교 교사였지. 정경해 선생은 국어학의 여러 분야에 걸쳐 책을 냈는데 알려져 있지 않아. 국어학계에서 거들떠도 안 보아서 그분의 책이 도서관에도 없을 거야.

　재야 학자만이 아니라 작가들도 우리말을 지켜내는 데 큰 몫을 해 왔어. 분단 이후에도 남녘과 북녘의 말들이 완전히 멀어져버리지 않도록 징검다리 노릇을 하는 사람들은 해방 전부터 우리말로 소설을 써왔던 작가들이야. 북녘의 벽초 홍명희뿐만 아니라 민촌 이기영(1895~1984)도 있었고, 남녘에는 채만식(1902~1950) 같은 사람들이 있었고. 지역말로 뛰어난 작품들을 낸 작가들도 참 고마운 역할을 해왔어. 이를테면 이문구 선생. 《관촌수필》이라는 아주 뛰어난 작품을 냈는데, 여기 쓰인 말이 충남 서천, 보령, 홍성, 서산 지역 말이지? 우리는 읽어도 잘 몰라. 하지만 그 지역 말, 사투리, 방언이라고 하는 그 지역 말로 아름답게 그 시대 사람들의 삶과 생각, 느낌을 표현해냈단 말이야.

그다음에 얼마 전에 돌아가신 권정생 선생. 소설 《한티재 하늘》을 쓰셨지. 안동 지역 사투리를 모르면 암호문 해독하듯이 읽어야 하니까 널리 알려져 있지 않고 널리 읽히지는 않지만 대단한 작품이야. 만약 이 소설이 유럽에서 발표됐다면 노벨상을 받고도 남을 만하다고 나는 보거든.

이렇게 서산 당진 지역 사투리라든지 안동 지역 사투리, 이런 말로 쓴 글들이 오롯한 우리 토박이말이야. 지금은 이런 작품을 기대하기가 힘들어. 지역에 삶의 뿌리를 두고 소설을 쓰는 사람들이 드물어졌어. 신문 방송이라든지, 초등학교 중고등학교 대학 교육을 통해서 쓰는 낱말들이 거의 모두 외래어투성이고 관념어투성이이기 때문에 작가들 대부분이 시골 사람들의 정서를 그대로 전달하지 못해. 이렇게 우리 토박이말이 오롯이 남아 있도록 기여를 하는 작가들은 몇 안 돼.

그리고 이오덕 선생. 초등학교 교사로 지냈고 교장 선생을 했는데,

이분이 시골에서 초등학교 아이들을 가르치면서 아이들 말을 들으며 하나하나 다 소중한 말이구나, 우리의 먹을 거 입을 거 잠자리하고 모두 이어져 있는 말이구나, 하고 우리말이 소중한 걸 알고 연구했어.

그 밖에 1970년대에 우리말을 깊이 연구한 분들이 있는데, 그런 분들 중 한 분이 한창기 선생. 벌교 출신 촌놈이야. 서울대 법대를 나왔는데 법관이 돼서 출세할 생각을 하지 않고 미군들한테 영어 성경 팔고 우리나라 사람들한테 브리태니커 백과사전을 팔고 이러면서도 《뿌리깊은 나무》라는 잡지를 만들고, 최현배 선생이 쓴 우리말본보다 4배, 5배나 더 두꺼운 우리말본을 낸 서정수 선생을 도와서 우리말 말본 틀을 새로 짜는 걸 거들었지. 내가 알기론 그 책의 절반 이상을 한창기 선생이 거들었어. 나중에는 한양대출판부로 출판권이 넘어갔지만 '뿌리깊은 나무'에서 나왔지. 우리말에 대한 한창기 선생의 기여는 이루 말할 수가 없어. 《뿌리깊은 나무》에서부터 민중 자서전, 판소리까지. 한창기 선생이 돈을 대서 시골에서 농사짓는 정권진 선생 같은 전국 각지의 판소리 명창들을 모셔서 100회나 완창(처음부터 끝까지 한마디도 빼지 않고 부르도록 하는 걸 완창이라고 해)하게 하고 그것을 소책자로 묶어 내기도 했어. 거기에 우리말의 질서가 고스란히 담겨 있어. 한창기 선생 같은 분이나 이오덕 선생 같은 분들이 재야에서 우리말을 살리고 명맥을, 잇는 데 큰 보탬을 주었다고 할 수 있어.

국어학자 혹은 국어국문과 교수들이 우리말을 살리는 데 기여를 했다고 생각하기 쉬워. 내가 볼 때 그분들은 우리말을 살리는 데 크게 보탬이 된 분들이 아니야. 일본을 통해 들어온 서구 이론, 직접 유럽이나 미국을 통해 들어온 서구 이론을 가지고 우리말을 그 틀에 끼워 맞추어서 연구한 사람이 한둘이 아니지.

***

지금은 우리말이 우랄−알타이어에서 왔다, 몽골이나 거란이나 중앙아시아를 거쳐서 왔다고 하는 주장이 틀렸다고 하고, 우리말은 세계에서 어떤 말과도 동떨어진 고아 말로 생각하는 사람들이 늘고 있어. 말하자면 우리말은 자주적이고 독립적인 말이라는 거지. 자립적인 말이야. 산세가 험하고 빼앗아 갈 것이 적어서 직접 와서 식민지로 삼지 않고 내버려두었기 때문에 우리말은 오랫동안 시골구석에서는 물 건너 온 말에 물들지 않고, 한자말로 둔갑하지 않고 토박이말로 살아남을 수 있었어.

지금까지도 우리나라는 남과 북이 갈라져 있어서 끊임없이 강대국들의 영향을 받고, 지식인들은 강대국들의 영향을 이용해 국내에서 밑바닥에 사는 사람들을 부려서 제 살 길을 찾기 때문에 결국 나중에는 우리 문화를 담는 그릇인 우리말이 언제 어떻게 사라질지 몰라. 다시 생산자 계급, 농민이나 어민이나 산촌에 사는 사람들이 자연과 어울려서 함께 더불어 사는, 상생하는 구조가 되살아나지 않으면 우리말도 문화도 다 없어질 수 있어. 이뿐만 아니라 비정규직 문제, 사람들이 굶주리고 헐벗는 문제, 이런 것들을 해결하기 위해서도 농촌이 되살아나야 해.

이런 생각은 어떤 면에서는 카를 마르크스(Karl Heinrich Marx, 1818~1883)가 그렸던 자율적인 작은 공동체나 노자가 말했던 소국과민小國寡民과 맞닿는 생각일 수 있어. 아무리 머리가 좋아서 이렇게 저렇게 그 머리를 굴리더라도 살림에 도움이 되지 않으면 쓸모가 없어. 조금 멍청하고 감각이 무딘 사람이라도 열심히 땀 흘려 일하면 누구나 마음 놓고 살 수 있는 곳이 농촌을 비롯한 자연 속의 생산 공동체야. 우리가 살 곳은 그곳밖에 없어. 지금은 나 같은 시골 노인네들이 도시 젊은 것 스무 명을 먹여 살리는 구조가 됐어. 지금 농촌 인구가 전체의 5퍼센트쯤 되지. 미국은 2퍼센트밖에 안 돼. 이렇게 해서는 인류가 살아남을 길이 없어. 우리나라만 그런 게 아니라 전 세계가 그래.

옛날에는 땅에 뿌리를 내리고 생산을 하는 사람들, 농사짓는 사람들이 열에 아홉, 아홉에 여덟이었어. 앞으로도 이렇게 도시 인구는 부풀어 오르는데 농촌 인구는 줄어들면 먹을 거, 입을 거, 잠자리 문제를 해결할 길을 생각할 겨를조차 없어지니까 평화고 뭐고 없어진단 말이지. 우리의 사회구조, 삶의 울타리를 바꾸고 튼튼하게 만드는 것이 우리나라를 살리고 우리말을 살리는 길이야. 정확한 정보를 주고받아 사람들이 효율적으로 각자의 문제를 해결한다고 해서 삶이 행복해지는 건 아니야. 말을 주고받으면서 즐거워야 하잖아. 서로 웃을 수 있어야 하잖아. 그래야 행복하지.

봐. 우리를 행복하게 만들어주는 것은 우리 안에 있지 않아. 우선 살아 있는 것이 중요하지. 5분만 숨을 안 쉬면 죽은 목숨이지? 닷새만 물 안 마시면 죽은 목숨이지? 50일만 밥을 안 먹으면 죽은 목숨이야. 땅에서 5초만 발을 떼고 있어도 엎어지거나 자빠져 죽은 목숨이야. 5초도 발을 못 떼. 우리 삶에 도움이 되는 소중한 말들은 다 땅에서 움텄어. 땅에 발을 디디고 두 손을 놀려야 뭐든지 만들어내고, 그것들이 모여서 문화나 예술이라는 모습을 갖추게 되잖아. 그것이 발에서 머리로 직접 가진 않는단 말이야.

곱씹어볼 말이 있어. '머리에서 가슴으로 가는 길이 가장 멀다. 거기에 그쳐서는 안 된다. 가슴에서 발까지 가는 먼 길이 기다리고 있는데, 결국 가슴에서 발까지 가야 한다.' 신영복 선생이 살아 있을 때 여러 차례 한 말이야.

가슴은 머리로도 피를 보내서 우리 생각들이 차곡차곡 쌓이게 할 뿐만 아니라 발로도 피를 보내잖아? 손가락 끝까지, 발가락 끝까지 가슴에서 피가 가야 손발을 놀리고. 이 말은 머리로 생각하는 것보다도 가슴으로 느끼는 게 중요하다는 뜻인데, 우리말도 마찬가지야. 머리를 맑게 하는 말보다도 가슴을 뜨겁게 하는 말이 더 중요해.

우리말을 되살리고 외래어들을 우리말로 어떻게 바꿔내느냐 하는 문제는 대단히 중요해. 그 작업을 누가 가장 열심히 해내고 있느냐 하면, 《장산곶매 이야기》(1993)를 쓴 백기완 선생(1932~). 이분이 《한겨레》에 연재했던 소설이 있지?《사랑도 명예도 이름도 남김 없이》(2009).

외래어를 우리말로 바꾸어내는 작업은 북녘에서 훨씬 더 빨리 시작했고 바꾸어낸 말 수가 남녘보다 훨씬 더 많지. 일본 제국주의자들이 이 나라를 식민화하면서 뿌려놓은 낱말들을 우리말로 바꾸는 일을 체계적으로 해왔어. 백기완 선생도 북녘 출신이잖아. 그래서 우리 주체성과 연관해서 우리말에 큰 애착을 갖고 있을 거야. 백기완 선생이 쓴 자전적인 그 소설 《사랑도 명예도 이름도 남김 없이》에는 외래어가 1퍼센트쯤밖에 안 들어 있다고 그래. 99퍼센트 우리말로 썼다고 하는데, 그것만으로도 놀라운 거야.

우리말의 미래는 다만 옛날 말을 되살리는 것에만 기댈 수는 없어. 어떻게 하면 옛말을 바탕에 두고 새로운 우리말을 만들 것이냐의 문제를 함께 머리 싸매고 풀어가야 할 거야. 인문과학뿐만 아니라 사회과학, 자연과학에서 쓰는 말까지도 하나하나 새로 만들어내야 할 책임이 미래 세대에 주어질 거야. 세상을 보는 눈을 바꾸고 물리현상이나 자연현상, 생명현상을 다시 바라볼 수 있는 새로운 말들을 만들어야지. 그런 것과 연관이 되어서도 백기완 선생의 작업은 소중하다고 할 수 있어.

질량을 덩이로,
에너지를 힘으로

앞에서 지나는 결에 내가 '시공연속체(時空連續體, time space continuum)'라는 말을 '때데한몸'이라는 말로 바꾸어 썼던 거 기억나? 아마 낯설었을 거야, 그 말. 일부러 그렇게 썼어. 지금 우리가 쓰고 있는 '추상어'들, 인문학, 사회학, 물리학, 화학, 생물학에서 쓰는 많은 '개념어'들이 일본에서 들어온 한자말들이고, 그 한자말들 거의가 서구 문명을 극동에서 맨 처음에 받아들인 일본 사람들이 짜깁기한 말이라는 것은 다 알지? 몇 년 전에 아주 소중한 사전이 나왔어. 고려대학교 일어일문과 이한섭 교수가 쓴 《일본어에서 온 우리말 사전》(2014). 여기에 담긴 낱말이 3634개인데, 못 담은 말도 있으니까 다 올리면 5천 개가 넘을

지도 몰라. 꼼꼼히 살펴보면 이 사전에 있는 올림말이 깡그리 일본에서 왔다고 보기 힘든 구석도 있어.

이 사전을 펴낸 저이는 희망이나 행복 같은 한자말도 일본에서 건너왔다고 보는데, 김만중(1637~1692)이 쓴 《사씨남정기》에도 희망과 행복이라는 말이 나오는 것으로 보아 이 말들은 중국에서 직접 우리나라에 들어온 말로 보아야 할 거야. 그래도 오늘날 이 나라에서 쓰이는 많은 '과학 용어'들이 일본에서 짜깁기된 한자 용어라는 사실을 바꿀 수는 없어.

시간과 공간이라는 말도, 연속체라는 말도 일본에서 왔어. 우리가 일본에 기대지 않고 곧바로 서구에서 학문 용어들을 받아들여 우리말로 바꾸었다면 아마 '타임'은 '시간'이 아니라 '때'가 되었을지도 몰라. '스페이스'는 '공간'이 아니고 '데'로 옮겼을지도 모르고, '연속체'는 '이음새'로 옮기거나 '한몸'으로 바꾸었을 수도 있겠지. 그래서 넌지시 현대물리학 용어 '타임 스페이스 컨티눔'을 '때데한몸'으로 바꾸어본 거야. 내가 다른 자리에서 이웃 나라 일본은 자연과학 분야에서 노벨상을 여러 차례 받았는데 우리나라에서는 왜 학자들이 그 상을 받은 적이 없는지에 대해서 짤막한 글을 썼는데, 이 자리에 옮겨 볼게.

노벨 문학상을 여러 차례 거머쥔 일본은 우리나라, 중국, 일본 세 나라 가운데 가장 먼저 서양 문물을 받아들인 나라다. 중국과 우리나라가 현재 쓰고 있는 '과학 용어'를 한자로 짜 맞추는 데 앞장선 나라도 일본이다. 이를테면 영어 '파티클particle'을 '입자粒子'로, '웨이브wave'를 '파동波動'으로 번역한 사람은 일본 학자들이다. 입자를 굳이 우리말로 옮기면 '싸라기(쌀+아기)', 파동은 '물결움직임'쯤 될 것이다. 이렇게 옮겨서야 과학을 연구하는 데 도움이 안 된다. 쌀이나 물이 무슨 생각을 불러일으키겠는가.

우리가 '식민 본국'인 일본 제국주의를 징검다리 삼아 서구 기초과학을 받아들이지 않고, 곧바로 받아들였다면 우리는 서구 과학의 기초 개념을 우리말로 달리 옮기려고 애를 썼을 것이고, 그러는 가운데 '파티클'이 무엇인지, '웨이브'가 무엇인지에 대해 더 깊이 파고 들었을 것이다.

우리말에는 '파티클'을 드러낼 수 있는 말이 여럿이다. 밤톨이나 쌀 한 톨을 나타내는 '톨'도 있고, '알'도 있고, 티끌을 나타내는 '티'도 있다. '웨이브'를 드러내는 말도 마찬가지다. 물결, 숨결, 살결을 가리키는 '결'이라는 훌륭한 우리말이 있지 않은가.

우리는 아직까지, '소립자', '아원자', '중성미자' 따위로 불리고 있는 작디작은 '티'들이 보이는 움직임이 제힘에 따르는 것인지, 남의 힘에 따르는 것인지 모르고 있다. 다시 말해서 이 티들의 맨얼굴, 민낯을 모르고 있다. '입자'를 쌀가루가 아닌 '맨티', 또는 '민티'로 옮겼을 때 이것이 그냥 무기물인 '민티'인지, 또는 유기물의 흔적이 그 안에 담겨 있는 '산티'인지 더 따져볼 실마리가 주어진다는 말이다.

'질량'과 '에너지'도 마찬가지다. E=mc²이라고 적어놓으면 멋있어 보이지만, 그리고 E가 에너지를, m이 질량을, c가 빛의 속도를 나타내는 약자라는 걸 배우기는 배웠지만 그것으로 그만이다. 문제는 물리학을 꽤 깊이 연구한 사람에게도 일깨움을 주지 못한다는 데 있다. 질량을 '덩이'로, '에너지'를 '힘'으로 옮기고 나서 '힘'이라는 말이 어디에서 나왔는지, 이 '힘'이라는 게 '함'과 '됨'과 어떻게 이어져 있는지 꼼꼼히 따져보아야 물질현상, 생명현상에 대한 우리 나름의 공부가 영글 수 있고 무르익을 수 있겠는데, 다른 나라 사람들이 그 나름으로 애써서 만들어놓은 개념을 그냥 수박 겉 핥듯이 핥고만 있으니, 무슨 깊은 공부를 할 수 있겠는가.

그래. 딴 말을 쓰면 딴 생각을 하게 돼. 영어를 쓰면 영미식 사고방식에서 벗어날 길이 없어. 중국말을 쓰면 중국식 사고방식에, 일본말을 쓰면 일본식 사고방식에 얽매이게 될 수밖에 없다고. 전에 그런 말한 적 있잖아. '감은돌이'라는 말을 들으면 강 쪽으로 불쑥 내민 바위 벼랑을 감아 도는 강물이 떠오르는데, 흑석(黑石, 검은 돌)동, 현석(玄石, 검은 돌)동으로 옮겨놓으니 머릿속에 아무것도 안 떠오른다고. '바람드리'라는 땅 이름을 풍납(風納, 바람드리)동이라고 고쳐놓으니 그 뜻이 사라져버렸다고. 이렇게 귀에 선 말들을 잔뜩 들여오면 우리 고유의 상상력과 창조력은 움틀 길이 없어. 영토의 식민화보다 말의 식민화가 더 무섭다는 말은 바로 이래서 생겨난 거야.

ㄱ

입씨름도 우리말로,
욕도 우스개도 우리말로

"꼭 우리말만 써야 하느냐? 그러면 우리말 쓰기가 오히려 더 어려워진다." 이렇게 말하는 사람들이 있어. 백기완 선생의 글을 읽으면서 그 말에 대한 답을 해볼까 해.

누를 수 없을 만치 끓어오르는 한마디가 있어 붓을 들었습니다.

저는 입때까지 있어온 '희망의 버스'를 세 번 다 탔습니다. 다짐했던 것은 어떻게 해서든지 김진숙을 살려내자, 그 한마음일 뿐, 갖고 간 것은 흙 한 줌이었습니다.

아내가 무엇 하러 그런 걸 갖고 가느냐고 고개를 갸우뚱했지만 말을 안 했습니다.

높은 무쇳덩이에 216일째 올라 있는 그에게 뿌리를 내릴 흙 한 줌을 보태자 그거였지요.

하지만 한 번도 주진 못했습니다.

1차 때는 허리춤에 찼다가 경찰 방패에 떨어뜨렸고, 2차 때는 부산역에서 영도까지 모진 빗속을 걷다가 홀랑 젖어버렸고, 3차 때는 영도다리에서부터 막혀 뚫다가 짓이겨졌고, 그래도 그날 밤 8시부터 3시간 반 동안 꽝꽝 막힌 영도의 골목골목을 네가 죽느냐 내가 죽느냐, 죽어라고 걸어 마침내 절뚝절뚝 젊은이들이 모인 곳에서 남몰래 한숨을 지었습니다.

아, 이 좁은 영도에 경찰 7천, 경찰 앞잡이 여러 천이 김진숙을 살리자는 저 눈물겨운 물살을 이렇게까지 자근자근 짓밟는 까닭은 무엇인가. 손출(간단)하다. 썩어문드러진 재벌과 이명박 정권은 그 생각, 그 체질, 그 욕구가 일치하는 동업 관계다. 그래서 김진숙을 죽게 하자는 것이구나. 영도의 밤은 새벽까지 무더운데도 소름이 오싹, 넋살(정신)을 차려 김진숙을 그려보았습니다.

김진숙은 누구일까.

저 높은 무쇳덩이에 올라 재벌 돈벌이의 판을 깨는 불법 난동분자일까. 그래서 죽어 마땅한 괘씸한 노동자일까. 아니다, 아니라고 세면바닥을 질렀습니다.

김진숙은 '살티'다, 라는 말이 떠올랐기 때문입니다. 살티란 목숨이라는 말입니다. 하지만 몸뚱아리의 목숨하고는 다릅니다. 제 몸에서 배어나는 땀으로만 살아가는 목숨이요, 둘레의 사람과 누룸(자연)하고도 잘 어울려 살아가는 목숨이니, 그게 바로 김진숙이다, 이 말입니다.

그가 무쇳덩이에 올라 목숨을 건 것도 정리해고 철회하라, 아니면 못 내려간다, 딱 그거이니 그가 살티가 아니라면 무엇이겠어요.

그렇습니다. 김진숙은 많은 사람들이 나만 잘살겠다, 내가 이겨야 한다고 피투성이의 다툼만 하는 이 고얀 돈의 논리, 이기적 개인주의 문명을 갈라치는 살티라. 그의 요구를 들어야지 그를 끌어내리려 해선 안 된다. 그건 오늘의 삶의 모범을 죽이는 거라, 절대로 안 된다. 끌어 내려야 할 건 썩어문드러진 재벌이지 우리들의 살티, 김진숙이가 아니라고 땅을 쳤습니다.

아, 참말로 김진숙은 누구일까요. 그야말로 '서돌'이라고 울부짖었습니다.

서돌이란 짓밟힐수록 불꽃이 되는 대들(저항)을 뜻합니다. 그래서 서돌은 사람이 사람으로 설 수 있는 마지막 불꽃이면서 아울러 창조, 창작의 원천이요, 갈마(역사)의 모든 끌힘(추진력)은 거기서 나온다고 했으니 그 서돌을 지피지 못하면 어떻게 될까요.

제 불꽃이 없으니 실바람에도 몸을 못 가누는 허제비가 되는 겁니다. 어려운 말로 좌절, 절망의 맨 끝자락, 허무주의의 늪으로 굴러 떨어지는 타락은 바로 그 때문이지요.

더구나 오늘의 이 문명은 그 허무주의를 강요하는 던적(병균)입니다. 그리하여 탈이 든 사람들은 다투어 이 썩은 문명에 한 다리라도 걸치

려고만 드는 꼴입니다. 교육이 그러하고, 철학이 그러하고, 옳음이 무
너지고, 누룸(자연)이 쌔코라져도(망해도) 나만 차지하겠다고 갈기갈기
찢어버려 너덜이가 된 이 땅별(지구)의 캄캄한 어두움, 여기서 김진숙
이만이 꺼져가는 이 땅별의 서돌을 한사코 지피고 있는 겁니다.

저 불 꺼진 무쇳덩이 위에 번덕번덕 빛나는 불꽃이 그거라니까요.

그 안간 불빛에서 깨우침을 받아야지 그것에 최루재를 뿌리다니, 그건
참의 살육, 서돌의 살육이라. 이명박 정권도 물러가고, 조남호 회장도
물러가야 한다고 세면바닥을 굴렀습니다. 그렇습니다. 참말로 김진숙
은 누구일까요.

이 겨락(시대)이 낳은 가장 어먹한(위대한) '찰'이라고 잘라 말합니다.

찰이란 시라는 뜻의 우리말이지요. 어디서 나왔느냐. 샘에서 나왔습니
다. 저 덤삐알(산자락)의 찬샘은 물을 찰찰 넘쳐 둘레의 메마른 땅을 적
시지만 그것을 제 것이라고 하질 않습니다. 또 쉬질 않고 찰찰 넘치는
까닭은 한때라도 멈출 것이면 그 맑은 샘도 썩습니다. 그러니까 찰이
란 걸레를 짠 구정물이 아니라 찰찰 넘쳐흐르는 변혁인 것이니, 그 찰
김진숙은 참말로 무엇일까요. 모든 살티(목숨)와 노니는 한마음, 창조
가 아닐까요.

그렇습니다. 김진숙이는 눈물의 샘이요, 등짝엔 땀방울의 샘, 예술입
니다. 소금쟁이는 내버려두어도 달이나 별도 눌러앉아 있으면 엉덩이
가 썩는다고 엎어버리는 변혁의 샘, 예술인데, 거기다가 시뻘겋게 펄펄
끓는 무쇳물을 붓겠다니 그건 김진숙만 죽이자는 것이 아닙니다. 인류

의 예술을 죽이려는 범죄라 용납할 수가 없습니다.

우리 인류는 이명박 정권과 한진중공업 조남호에게 그런 막심(폭력)을 내준 적이 없으니 그들에 맞서 싸워 김진숙을 살려내야 합니다. 거기에 노동문제 해결, 인간문제 해결이 있고, 썩은 문명 대 새 문명 창조의 싸움이 있으니 희망의 버스는 천 번이고 만 번이고 이어져 김진숙을 살려야 합니다. 못 살리면 인류의 역사, 문명을 폐기해야 합니다. 사람인들 무슨 낯짝으로 살겠어요.

그러나 길은 있습니다. 너도나도 흙 한 줌씩이면 됩니다. 그것으로 저 빈팅(공중)에 매달려 뿌리를 내리고자 해도 흙 한 줌이 없는 그에게 흙을 쌓아주면 그가 이깁니다.

왜냐, 김진숙은 바로 그 자리에서 살티를 세우고 서돌을 지피고 찰을 지을 찰니(시인)이니까요.

그래서 온 땅별 모든 이들에게 이룹니다. 한번쯤 눈을 들어 이 안타까운 한반도, 영도를 보아줄 순 없을까요. 높이 솟은 저 무쇳덩이가 보이지요. 그게 바로 이 땅의 한 찰니가 올라 사람됨의 뿌리를 내리고자 가슴은 퉁퉁대지만 한 줌 흙이 없어 안타까워하고 있는 빈팅입니다.

뜻을 달라는 것도 아니고 깨우침을 달라는 것도 아니고 손길을 잡아달라는 것도 아닙니다.

그저 한 줌 흙입니다. 아 한 줌 흙.

—"아, 흙 한 줌, 흙 한 줌씩만─왜 김진숙을 살려야 하는가",
《한겨레》 2011년 8월 8일자

이 글 읽고 못 알아듣겠는 데가 있는가? 무슨 말을 하는지 모르겠어? 아닐 거야. 그림으로 그려지고 느낌으로 느껴지지?

백기완 선생은 토박이말로만 글을 쓰려고 애써. 사전에 안 나오는 토박이말도 많이 쓰지. 그러는 데는 까닭이 있어. 이를테면 이분은 '저항'이라는 말을 '대듦'이라고 바꾸어 써. '대들다' 할 때의 '대듦'으로. 그다음에 '끌힘'이라는 말도 써. '추진력推進力'을 '끌힘'이라고 바꾸어 쓴다고. 참 쉽지?

'누름'이라든지 '갈마'라는 말에서 '자연'과 '역사'가 떠오르지 않는다고 말하는 사람도 있는데, 누름이라는 말, 갈마라는 말이 어떻게 나왔는지 알면 그런 말을 못 할 거야. 누름과 갈마가 어떻게 나왔는지는 찾아가서 여쭈어보거나 깊이 따져보면 돼.

***

케테 콜비츠(Kathe Kollwitz, 1867~1945)라는 독일 화가가 있어. 그림도 그리고 조각도 하는 사람이었는데, 판화 작품들이 많이 알려져 있지. 이 사람이 아주 철두철미한 반전反戰 그림을 그렸는데 대부분 목탄이나 연필로 그렸어. 이 케테 콜비츠의 그림에 큰 영향을 받은 사람이 루쉰이야. 루쉰이 중국에서 판화 운동을 시작할 때 콜비츠의 그림에 크게 기댔어.

언젠가 독일에 가서 케테 콜비츠 작품들을 봤어. 미술관에서도 보고 그림책으로도 보고. 케테 콜비츠는 자기 아이가 젖먹이 때 보이는 온갖 몸 움직임을 아주 세밀하게 그리기도 하고 특징만 붙들어서 그리기도 하고, 자기 손이나 자기 얼굴을 그리기도 했어. 처음에 콜비츠의 연필 그림을 보고 이 정도 그림이라면 나도 그릴 수 있겠다는 생각이 들더라고. 몇 개 안 되는 연필 선으로 굶주린 아이가 비쩍 마른 얼굴로 구걸하는 모습, 술 취한 노동자가 집에 와서 제 마누라에게 손찌검하는 꼴 같은 걸 그려놓았는데 그리기 아주 쉬워 보였어. 몇 번 본떠서 그려본 뒤에야 도무지 따라잡을 수 없다는 절망감을 느꼈는데, 알고 보니 이 생략된 선 하나하나에는 수십 수백 번 그렸다 지운 세밀하고 정교한 선들이 숨어 있더라고. 그 과정을 거치고 나서 이 사람이 군더더기 선들을 하나하나 없애고 마지막에 꼭 필요한 선만 남긴 게 그런 그림으로 나타난 걸 알게 되었어.

우리말에도 이와 같이 다가서면 어떨까? 처음에는 세밀하게. 아이들의 말부터 깊이 관심을 가지고 아이들의 말을 배우는 거지. 가장 깨끗하고 듣기 좋고 우리 삶의 근원에 닿는 말이 아이들 말이잖아. 자연에서 나오는 온갖 소리에도 귀를 기울이고. 그러면 어느새 귀가 열릴 거야.

우리말에 관심을 갖는 사람들을 보니까 나이가 상관이 없더라고. 우리말에 기울이는 큰 관심은 거의 모든 나이의 사람들이 가지는 본능적인 반응인 거야. 사람은 혼자 살 수 없고, 서로 돕고 살기 위해 반드시 필요한 게 말을 주고받는 것이라고 했지?

우리말에, 우리 소리에 사랑을 담아서 눈치 보지 말고 많이 주고받고 살아. 요즘 사람들 보면 남한테 피해를 주거나 자기가 상처받을까 봐 말을 많이 안 하는 경향이 있어. 상처를 주고받고 울고불고 하는 모습도 서로 보여주면서 사는 게 사람 사는 꼴이라고 생각했는데 문화가 이렇게 달라졌어.

말을 주고받는 게 즐거워야 해. 입 놀린다고 하잖아. 입을 놀게 한다는 거잖아. 입으로 놀고 입으로 놀리고. 입씨름이라는 말도 있어. 입으로 씨름하는 것도 즐거운 놀이야. 너나없이 마음대로, 마음 놓고 입을 놀릴 수 있어야 우리말이 늘고, 그래야 우리말이 갈래를 칠 수 있어. 욕도 하고 우스갯소리도 해. 그래야 말이 살아나고, 사는 게 신이 나. 마크 트웨인이 말했잖아. 유머가 없는 곳이라서 천국에 가기 싫다고.

보리국어사전을 편찬한 윤구병 선생님의

내 생애 첫 우리말

지은이　　윤구병
■
2016년 7월 1일 초판 1쇄 발행
■
책임편집　이원숙
기획·편집　선완규·안혜련·홍보람·秀
기획·디자인 아틀리에
■
펴낸이　　선완규
펴낸곳　　천년의상상
등록　　　2012년 2월 14일 제2012-000291호
주소　　　(03983) 서울시 마포구 동교로 45길 26 101호
전화　　　(02) 739-9377
팩스　　　(02) 739-9379
이메일　　imagine1000@naver.com
블로그　　blog.naver.com/imagine1000
■
ⓒ 윤구병, 2016
사진 ⓒ 권혁재
■
ISBN　　979-11-85811-24-6 03710
■
이 도서의 국립중앙도서관 출판예정도서목록(CIP)은 서지정보유통지원시스템 홈페이지(http://seoji.nl.go.kr)와
국가자료공동목록시스템(http://www.nl.go.kr/kolisnet)에서 이용하실 수 있습니다.
(CIP제어번호: CIP2016014579)

이 책에 사용된 윤구병 선생님 사진을 제공해주신 중앙일보 문화부 권혁재 기자 님께 감사드립니다.